D1728548

Werner Kieser
Die Entdeckung des Eisens

Werner Kieser

Die Entdeckung des Eisens

Stationen meines Lebens

Econ

Inhalt

Vorwort

Dies ist das Buch zweier ungewöhnlicher Karrieren: einer Idee und eines Mannes. Beide mußten zusammenkommen, um den Menschen das Zutrauen in ihr empfindlichstes und für den aufrechten Gang wichtigstes Körperteil zurückzugeben: ihr Rückgrat. »Ein starker Rücken kennt keinen Schmerz«, sagt Werner Kieser. Übertrieben? Nein. Der Mann hat recht.

Am Anfang war das Eisen: vier Tonnen vom Schrottplatz. Heute ist Kieser Training ein Unternehmen mit einer mittlerweile weltumspannenden Idee und einem Maschinenpark aus Leder, Eisen und eleganter Mechanik. Vom Schrottler zum Global Player – das geht schon, auch noch im 21. Jahrhundert – wenn der Mann das richtige Gespür hat, den unbedingten Willen, die Neugier und die Offenheit. Und den Mut, auch gegen allerlei Expertenmeinungen seinen Weg zu gehen.

Denn wenn es richtig ist, dass der Mensch am Widerstand wächst, dann mußte Werner Kieser lange wachsen. Die heute einigermaßen verbreitete Auffassung, dass Bewegung und Muskelkräftigung gesundheitsfördernd sind, ja sogar für Heilprozesse sorgen, widersprach lange Zeit der medizinischen Lehrmeinung, die auf Schonung setzte. Und erst »Krafttraining« mit Gewichten, gar mit Maschinen! Das hatte einen ähnlich guten Ruf wie Bodybuilding und jene »Muckibuden«, in denen man Anabolika schluckte, um mit enormen »Muskelpaketen« zum bewegungsunfähigen Klops zu werden.

Dabei lag das Problem ganz woanders: Mit der landläufigen Hantel erreicht man längst nicht alle Muskelpartien, da, lange bevor der Trainingsreiz bei ihnen ankommt, die Schwachstellen Handgelenk und Arme aufgeben. Vor allem erreicht man mit Hanteltraining nicht die allergrößte menschliche Schwachstelle, die (kleine) Muskulatur des Rückens.

Mit den vier Tonnen Eisen vom Schrottplatz begann der gelernte Schreiner Werner Kieser Trainingsgeräte zu bauen, die die Nachteile der Hanteln ausgleichen sollten. Das Eisen begann, sich mit der Idee zu verbinden.

Der Durchbruch kam, als er einen Mann kennenlernte, der ähnliche Ideen von der Verbindung von Geist und Eisen hatte: der geniale Kauz und Erfinder Arthur Jones aus den USA. Auf einer Reise nach Florida mit Gabi und Werner Kieser habe ich den sagenhaften Arthur Jones kennengelernt, der mit seinen legendären »Nautilus«-Maschinen den Fitnessboom in Amerika auslöste. Der elegante, belesene Werner Kieser, der »Muskelphilosoph« par excellence, und der misanthrope ehemalige Großwildjäger und Filmemacher Jones waren ein ungleiches Paar. Doch die produktive Verbindung zwischen den beiden hat die Welt wenigstens ein bißchen verändert – indem sie Menschen veränderte.

Werner Kiesers Lebensweg, den er in diesem Buch schildert, ist nicht nur das Dokument eines leidenschaftlichen Kampfes um etwas, das lange verrufen war und das man heute für gut und richtig hält: für die Kräftigung der menschlichen Muskulatur. Es führt uns auch einen unkonventionellen Unternehmer vor, der nicht nur die richtigen Ideen hat, sondern sie auch umzusetzen weiß. In seiner Autobiografie findet man beide: den Überzeugungstäter und den Unternehmer, der weiß, dass auch die beste Idee ihren Markt braucht, wenn sie bei den Menschen ankommen soll.

Cora Stephan
Schriftstellerin und seit Jahren überzeugte Anhängerin von Kieser Training

Einführung

Aus der eigenen Geschichte eine »Geschichte« zu machen, ist ein gut gemeinter Vorsatz. Nicht mehr und nicht weniger. Jeder Autobiograph ist der Versuchung ausgesetzt, seine Erinnerungen teleologisch zu ordnen. Jedoch: Der Zufall macht Geschichten, niemand sonst. Hätte ich mir nicht in früher Jugend meinen linken Arm zweimal hintereinander gebrochen, wäre mir das Atrophie (Rückbildungs)-Problem vielleicht nie so eindringlich bewusst geworden und mein Beruf wäre ein anderer. Denn das Atrophie-Problem erhält erst im fortgeschrittenen Alter Aktualität und Aufmerksamkeit. Außerdem wäre ich Linkshänder geblieben und hätte den Vorzug der Beidhändigkeit nicht erlebt. Im jugendlichen Alter ist die Überzeugung von der Machbarkeit der Welt ungebrochen. Erst in der Rückschau – wenn überhaupt – merkt man: Nicht ich habe die Welt verändert, sondern sie mich.

Was nun folgt, sind Bruchstücke meiner Erinnerung. Das Arbiträre, Hingeworfene und Zufällige fiel mir erst bei der Rückschau auf. Auch die Koinzidenzen, in die ich stolperte, und das Glück, das ich hatte und für das ich nichts kann. Doch etwas glaube ich erkannt zu haben: Es waren einige wenige Menschen, die einen starken Einfluss auf den Verlauf meines Lebens und damit auf die Geschichte des Unternehmens hatten. Die meisten sind tot, aber ihre Ideen haben sich materialisiert in der Existenz von Kieser Training.

Werner Kieser

ERSTER TEIL

Alles Schrott
1966

Mich friert. Der Bus hat Verspätung. Mein abgetragener Trainingsanzug ist für diese Jahreszeit viel zu dünn. Ich mache ein paar Kniebeugen, um mich zu wärmen. Dann setze ich mich wieder auf die Bank an der Busstation. Ich bin auf dem Weg zum Brockenhaus. Das Brockenhaus ist eine Institution. Seine Angestellten holen auf Anruf alte Sachen ab – Kleider, Möbel, Bücher, Haushaltsgeräte und fast alles, was ein Mensch einmal gebraucht hat und nun nicht mehr braucht, weil er sich etwas Neues zugelegt hat oder gestorben ist. Das Brockenhaus sammelt alles, bewahrt es auf und verkauft es zu erschwinglichen Preisen an Leute, die Sachen benötigen, aber wenig Geld haben. Da sei noch ein Ölofen günstig zu haben, hatte ich gehört. Vielleicht finde ich da auch einen preiswerten Mantel. Ich nehme das »Tagblatt« aus dem Papierkorb neben meiner Bank. »Mondflug definitiv«, schreit die Titelzeile. Was suchen die da oben?, frage ich mich. Lediglich den Russen Eindruck machen? Eine teure Aufschneiderei, sonst nichts. Der Sputnik hat den Westen aufgescheucht, behauptete man. Und Präsident Kennedy hatte vor einigen Jahren der Welt versprochen: »Wir werden auf dem Mond landen.« Niemand aber fragte: »Und was dann?«

Und was wird aus meinen eigenen Plänen? Mein Zweifeln bereitet mir Unbehagen. Ich muss meine Zweifel in den Griff bekommen, bevor sie in Verzweiflung umschlagen. Ich habe jetzt ein »Geschäft«, bin »selbstständig« und habe weniger

Geld als je zuvor. Eine Ironie, die mich an eine Kindheitslektüre erinnert – »Hans im Glück«. Ich habe Fotoapparat, Gitarre, Fahrrad und vieles andere verkauft und mit dem Geld buchstäblich Schrott eingekauft. Etwa vier Tonnen. Monate habe ich im Keller unter der Schreinerei meines Vaters zugebracht und diese Tonnen von Alteisen zusammengeschweißt, Löcher gebohrt, Rost entfernt und Lack aufgepinselt.

Ich sei wohl völlig »ausgerastet«, meinte mein Vater, der schon seit dem Einsetzen meiner Pubertät ab und zu ernste Zweifel an meiner geistigen Unversehrtheit geäußert hatte. Er betrachtete kopfschüttelnd, doch nicht ohne verhaltene Bewunderung mein »Werk«: Stapel von Stahlbänken, Gestellen, Hanteln und anderen seltsamen Gerätschaften, deren Zweck sich noch nicht erkennen, deren Aussehen aber Unbehagliches erahnen ließ. »Sag mal, Werner, wo soll das Zeugs denn hin, wenn es fertig ist?«, fragte mein Vater. Schließlich brauchte er den besetzten Raum demnächst wieder für nützlichere Zwecke. Ich kippte den Schweißschild vor meinem Gesicht nach oben und schaute meinen Vater an. »Ich werde Räume mieten. In Zürich. Dann werde ich mein Studio eröffnen.« – »Ein Studio? Fein. Du eröffnest also ein ›Studio‹. Und womit bezahlst du die Miete?« – »Vom Geld meiner Schüler natürlich.« Der Vater zog seine buschigen Augenbrauen nach oben. »Schüler? Nun sag bloß, das soll eine Schule sein, was du da aufmachen willst. Das ist doch eher etwas für Verrückte. Ein Kraftschuppen oder so was.« Er verstand noch immer nichts, obwohl ich ihm doch mein Vorhaben mehrmals ausführlich erklärt hatte. Ich schob meinen Schweißschild wieder vor das Gesicht, beugte mich über die beiden Eisenstücke auf dem Stahltisch. »Nun, dann eben keine Schüler, sondern Verrückte; verrückte Gäste, vielleicht – Gäste des Eisens«, brummte ich und stupste mit den Elektroden sanft gegen das Eisen. Der Lichtbogen

Schrottplatz: Rohmaterial für meine ersten Geräte

leuchtete auf und der Stahl der Elektrode verschmolz mit dem flüssigen Eisen – ein Vorgang, den ich stets genoss. Die Verschmelzung gebiert eine gerippte, glänzende Schweißnaht, die den unwiderlegbaren Beweis dafür darstellt, dass die Verbindung gelungen ist. Unser Gespräch endete wie üblich: Mein Vater ging kopfschüttelnd hinaus.

Jetzt stehen meine Gerätschaften in einem Abbruchobjekt, das ich in der Stadt gemietet habe. Die Miete ist günstig, weil der Abriss bald erfolgen soll. Zuerst braucht der Eigentümer jedoch die Genehmigung für den Neubau. Und das kann dauern. Mindestens ein Jahr, dachte ich. Entweder ist bis dann etwas aus meiner Idee geworden, dann kann ich neue Räume beziehen. Oder es ist nichts daraus geworden.

Der Bus ist da. Er ist fast leer. Ich genieße das Gefahrenwerden in öffentlichen Verkehrsmitteln. Das ist Luxus. So etwas gibt es nicht in dem Dorf, aus dem ich komme. Überhaupt behagt mir dieses urbane Leben um mich herum, seine Unbekümmertheit und auch seine Unverschämtheit. So etwas ist nur in einer Stadt möglich. Der Unterschied zwischen Stadt und Land beschäftigt mich, seit ich in Zürich lebe. Schon länger ist das Buch »Die Stadt« (1961) von Lewis Mumford meine Bettlektüre. »Städte sind auf Gräbern erbaut«, schreibt Mumford. In der Tat: Städte sind die Antipoden des Dorfes. Hier Anonymität, Luxus, Verschwendung, aber auch Kultur, Wissenschaft, Offenheit gegenüber allem, was kommt. Hingegen das Dorf: Abschottung nach außen, Kontrolle nach innen. Bescheidenheit, Sparsamkeit, Frömmigkeit, Arbeit und Misstrauen gegen alles Fremde. Fremd ist alles, was von außen kommt.

Auf dieser Fahrstrecke ist der Bus meistens leer. Chauffiert zu werden und dabei zu lesen, ist Genuss für wenig Geld. Bis zum Brockenhaus sind es etwa zwanzig Minuten. Ich ziehe eine rote Broschüre aus der Jackentasche. Das Heft ist vom dauernden Herumtragen in der Tasche schon etwas zerknittert. Die kleine Schrift, »Modernes Gewichtheben«, beschäftigt mich so, dass ich beschließe, den Autor zu besuchen und mit ihm alles zu besprechen, was ich mit einem gelben Stift markiert habe. Ich vermute, der Autor hat mehr zu sagen, als er schreibt. Sein Name ist Werner Hersberger, Nationaltrainer der Schweizer Gewichtheber, und lebt in Basel.

Das Brockenhaus der Stadt Zürich strahlt Würde aus. Ich liebe es, darin zu schlendern wie in einem Museum. Die Gegenstände hier – Möbel, Kleider, Geschirr und Bücher – haben alle schon ein, manchmal gar mehrere Leben hinter sich. Leben, von dem ich nichts weiß, dessen Spuren mich aber leise berühren: Bleistiftnotizen in altdeutscher Schrift in Büchern und Zeitschriften, Maßangaben des Tischlers an der Unterseite von Schubladen, abgenutzte Stellen des Linoleums auf dem Küchentisch, wo Tassen und Teller wohl Tag für Tag, ein Arbeiterleben lang, standen, Spuren alltäglicher Zweisamkeit. Doch heute fehlt mir die Muße zu schlendern. Ich habe einen Auftrag. Und Glück. Der Ofen ist noch da. Auch einen Mantel finde ich im Obergeschoss. Zwei Nummern zu groß. Aber einen anderen gibt es nicht. Und ich werde hineinwachsen, da ich ohnehin immer kräftiger werde. Ich bin gerüstet. Der Winter verliert seinen Schrecken. Großvater hatte auch so einen Mantel. Ach ja, Großvater, wie gern erinnere ich mich an ihn – er war es, der meine frühe Kindheit begleitet hat.

Karriereplanung
1945

Als ich fünf Jahre alt war, fragte mich mein Großvater, was ich werden wolle, wenn ich einmal groß sei, und ich antwortete blitzschnell: »Ein Neger.« Der Großvater stutzte, blickte zur Decke und entschied: »Neger kann man nicht werden!« – »Doch, ich werde ein Neger«, widersprach ich. »Ich bin schon so braun wie ein Neger!« In der Tat hatte meine Haut eine tiefbraune Farbe, weil ich den ganzen Sommer über barfuß, ohne Hemd, nur mit einer kurzen, blauen Turnhose herumgelaufen war. Großvater zog meine Hose vorsichtig eine Handbreit nach unten. »Siehst du, hier bist du schon kein Neger mehr. Ein richtiger Neger ist auch hier braun, hier, wo du weiß bist.« – »Neger tragen auch keine Hosen«, bemerkte ich spitz und rannte ins Kinderzimmer, um den Beweis zu holen: ein Bilderbuch. Ich zeigte dem Großvater mein Lieblingsbild: eine Gruppe schwarzer, schöner, unbekleideter Menschen, die mit lachenden Gesichtern um ein Feuer tanzten. »Du weißt immer alles besser«, meinte der Großvater etwas unwirsch, richtete seinen Blick abermals nach oben und beschloss: »Du wirst Kesselflicker, jawohl, Kesselflicker wirst du.« Kesselflicker wurden die »Fahrenden« genannt: Der Name unterschlägt ihre sonstigen Fähigkeiten, denn sie konnten Messer schärfen, Körbe flechten und verfügten über viele Fertigkeiten, die sie den Sesshaften anboten. Ich jedenfalls mochte die Fahrenden gern.

Kesselflicker? Ich überlegte. Warum nicht? Das klingt gut.

Man kann schließlich auch als Neger Kessel flicken. Mit dem beruhigenden Gefühl, nunmehr auch Gewissheit über meine längerfristige Zukunft erlangt zu haben, trug ich diesen Plan begeistert meiner Mutter vor. Die Enttäuschung war groß. Meine Mutter konnte dem Projekt nichts, aber auch gar nichts abgewinnen. Sie war nicht bereit, mit mir weiterhin über meine Zukunft als Kessel flickender Neger zu diskutieren. Auch fand sie es »typisch« für den Großvater, dass er mir solche Flausen in den Kopf setzte. Eltern haben ja keine Ahnung, wie weit es ihre Kinder einmal bringen werden, dachte ich mir und ging hinaus in die Sonne. Dort zog ich meine Hose aus, um auch da braun zu werden, wo richtige Neger braun sind.

Zwischen Himmel und Hölle
1948

Ich wuchs in einem frommen Hause auf. Doch schon in meinem neunten Lebensjahr beschlichen mich erste Zweifel über die Allmacht Gottes. Zudem stellte ich seine Zuverlässigkeit in Frage. Denn trotz eifrigen und ausdauernden Betens erfüllte sich mein Wunsch nach einem Rennrad nicht. Im Religionsunterricht warnte unterdessen der Pfarrer mit erhobenem Zeigefinger vor dem Teufel. Wer sich mit dem einlasse, dem würden zwar auf Erden Lust und Genuss zuteil, doch der Preis dafür sei hoch: Auf die Seele warte als Lohn die ewige Verdammnis.

Das erfuhr ich im protestantischen Religionsunterricht. Mein Vater, obwohl überzeugter Christ, lehnte die Kindertaufe ab. Er meinte, seine Kinder sollten sich bewusst für Christus entscheiden und das sei einem Kleinkind nicht möglich. Ich hatte somit noch eine gewisse Auswahl. Also versuchte ich es bei den Katholiken. Doch auch hier: Fehlanzeige! Denn bei den Katholiken war die Sache noch komplizierter und vor allem aufwändiger. Den Katechismus, eine Art Gebrauchsanleitung, um in den Himmel zu kommen, musste man auswendig lernen. Auch war da von Beichte die Rede und dass man immer etwas zu beichten hätte. Doch außer ein paar angeblichen Frechheiten gegenüber Erwachsenen fiel mir nichts ein. Zudem gab es im Schulzeugnis ja ohnehin die Rubrik »Betragen«. Ich fand, dass die Note dort diesen Bereich mehr als genug abdeckte.

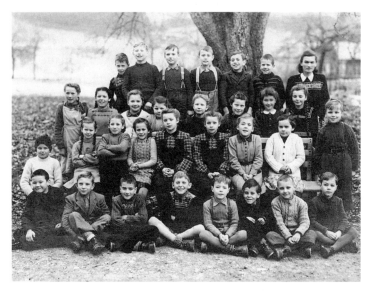
Schule 1947 (in der unteren Reihe, Dritter von links sitze ich)

Schließlich war mir die Erde näher als der Himmel, und der Teufel war mir durchaus sympathisch. So begann ich, zum Teufel zu beten. Denn allzu gerne hätte ich meine Seele gegen ein Rennrad eingetauscht. Doch auch diesmal geschah trotz eifrigen und ausdauernden Betens wieder nichts. Kein Rennrad. Nicht einmal ein normales Fahrrad. Einfach nichts.

Ich gab also das Beten auf und verbrachte viel Zeit damit, beim Fahrradhändler gebrauchte Einzelteile von Fahrrädern zusammenzukaufen. Das Geld dazu verdiente ich beim Kegelstellen im »Schwizerhüsli«, dem einzigen Wirtshaus des Dorfes. Damals gab es noch keine automatisierten Kegelbahnen. Kegel aufstellen war zwar anstrengend, wurde aber gut bezahlt. Bis zu zwei Franken pro Stunde konnte man da verdienen. Nach wenigen Wochen hatte ich die Teile für mein Rennrad zusammen. Den Rahmen strich ich mit grell gelber und blauer Ölfarbe, die mir mein Lieblingsonkel Walter, der »Güzi«, das gottlose schwarze Schaf der Familie, beschafft hatte. Trudi, meine drei Jahre ältere Schwester, fand die Farben meines Fahrrads grauenhaft. Wahrscheinlich weil sie darüber erbost war, dass ich von ihrem ungenutzten Fahrrad einige Teile abmontiert hatte, um sie für mein eigenes Rad zu verwenden.

Jedes Mal, wenn ich mich auf mein leuchtend gelb-blaues Fahrrad schwang und mit einem kurzen kräftigen Zug am Rennriemen die Füße in den Pedalen festzurrte, empfand ich höllische Lust und himmlischen Frieden – und unbändigen Stolz darauf, dass ich mein Fahrrad weder dem Teufel noch dem lieben Gott zu verdanken hatte. So wurde ich – ohne mir der Bedenklichkeit meines weltanschaulichen Wegdriftens bewusst zu sein – schon in zarter Jugend zu einem bekehrungsresistenten Atheisten.

Trauma
1950

Das Dorf, in dem ich aufwuchs, bestand aus wenigen, verstreut in der Landschaft gelegenen Häusern und Scheunen. Die Schule war die einzige kulturelle Errungenschaft des Dorfes, mit einem allerdings eher unverbindlichen Charakter. Das Einbringen des Heus hatte Vorrang. An zweiter Stelle – nach dem Heu – kam der Sport. Für junge Burschen gab es

Schwinger im Einsatz

je nach ihrer Konstitution zwei Möglichkeiten zur Selbstbe-
stätigung: Radrennen oder »Schwingen«, eine archaische
Form des Ringkampfs, den nur die Schweiz kennt.

Mit zehn Jahren brach ich mir beim Schwingen den linken
Unterarm. Nach vier Wochen, kaum aus dem Gips, brach
mein Arm abermals an derselben Stelle, diesmal beim Fuß-
ballspielen auf dem Dorfplatz. Der Arzt warnte mich: »Wenn
du dir den Arm zum dritten Mal brichst, bleibt er dünn – dein
Leben lang.« Der Schreck saß tief. Während des Unterrichts
musterte ich manchmal besorgt meinen Oberarm, der nun
weitere vier Wochen in dem Gips ruhte und immer dünner
wurde. Eine beklemmende Erfahrung: Dein Körper bleibt
nicht einfach so, wie er ist; er verändert sich, zum Guten wie
zum Schlechten, je nachdem, wie du mit ihm umgehst.

Mein Onkel und
die deutschen Panzer
1950

Onkel Karl, der Bruder meiner Mutter, war ein erfolgloser –
eben ein »richtiger« – Erfinder und lebte mit seiner Familie am
Rande von Paris. Nach dem Krieg besuchte ich 1950 mit meinen Eltern und meiner Schwester die Familie des Onkels zum
ersten Mal im fernen Frankreich. Onkel Karl war ein unge-
mein sportlicher Mensch. Im Vorgarten seines Häuschens lag
eine Scheibenhantel. Der Onkel zeigte mir, wie man dieses
schwere Gewicht zur Hochstrecke bringt. Und so übte ich im
Garten, während die Erwachsenen beim Tee über die große
Welt im Allgemeinen und ihre kleine im Besonderen diskutierten. Erst schaffte ich es nur, die leere Stange zu stemmen,
die allerdings zehn Kilo wog. Am nächsten Tag bestückte ich
die Stange bereits mit je zwei 2,5 Kilogramm schweren Eisen-
scheiben.

Abends saßen alle im Wohnzimmer und – da es noch kein
Fernsehen gab – unterhielten sich alle miteinander. »Wo hast
du eigentlich diese Hantel da draußen her?«, fragte mein Vater den Onkel. Mein Vater hatte meine Bemühungen im Garten bemerkt und wunderte sich über den Luxus, den sich sein
Schwager in den kargen Zeiten nach dem Krieg leisten konnte.
Schließlich war der Onkel keineswegs reich und Stahl sehr
teuer. »Panzer!«, sagte der Onkel. »Deutsche Panzer. Da draußen standen unzählige. Ausgebrannt oder einfach leer. Als die
Alliierten kamen, blieben nur diese Panzer von den Deutschen
übrig. Eines Morgens machte ich mich auf den Weg, mit mei-

nem Schweißbrenner im Leiterwagen. Ich brannte diese runden Scheiben aus den Panzern. Alles bester Panzerstahl«, lachte der Onkel, »die Panzer sahen danach so harmlos aus wie Emmentaler Käse.« – »Warum macht man nicht gleich Hanteln statt Panzer?«, mischte ich mich altklug in das Gespräch der Erwachsenen. Alle lachten und schwiegen dann, ohne meine Frage zu beantworten.

Pubertäre Verwerfungen — oder wie küsst man richtig?

1954

Wie küsst man? Eine zentrale Frage, die mich und meinen neuen Freund Peter Schweri stark beschäftigte. Seit einiger Zeit war alles anders geworden. Nach der sechsten Klasse in der Landschule, in der vier Klassen in einem Raum unterrichtet wurden, kam ich in die Sekundarschule in Dietikon, der etwa vier Kilometer von meinem Heimatdorf entfernten Stadt. Das Schulhaus: ein riesiger Bau. Ich war verwirrt. So etwas hatte ich mir in meinem kleinen Dorf nicht vorstellen können. Hier, in diesem riesigen Gebäude, gab es sogar einen großen Singsaal mit einem schwarzen Flügel. Bisher kannte ich nur das elektrische Klavier im Dorfgasthof »Schwizerhüsli«. Und hier: ein Saal nur zum Singen! Und eine richtige Turnhalle! In der Dorfschule fand das Turnen bei jeder Witterung draußen auf dem Sportplatz statt. Und im Sommer gingen wir im Egelsee schwimmen. Da waren auch die Mädchen, die schon aussahen wie richtige Frauen. Ich fühlte mich in ihrer Nähe klein und unbedeutend, obwohl ich so alt war wie sie.

Aber, wie küsst man? »Man küsst mit der Zunge«, meinte Peter. »Mit der Zunge? Findest du das hygienisch?«, fragte ich meinen Freund. »Nein, nicht besonders«, meinte der. »Aber man küsst ja nicht wegen der Hygiene.« Richtig! Aber warum küsst man dann? Im »Honeret«, dem Wald am Rande des Dorfes, stand eine Holzbank, die zum Schmusen einlud. Zumindest war das die Meinung aller Sekundarschüler. Es ging nur darum, den Schulschatz auf die Bank zu locken, alles Weitere würde sich dann schon von selbst ergeben. So einfach war das. Ich wusste allerdings nicht, wer mein Schulschatz war oder sein könnte. Auch schien es mir, dass die Mädchen weder an mir noch an meinen Klassenkameraden besonderes Interesse zeigten. Sie waren mit sich selbst beschäftigt, tuschelten und kicherten herum. Außerdem waren sie mir zu groß und zu aufgedonnert.

In dieser Zeit kam ich in den Stimmbruch, meine Barthaare wuchsen und allmählich geriet mein Leben vollkommen durcheinander. Es geschah während eines Klassenfestes in der »Schmidtstube«. Eine milde Sommernacht; wir tanzten etwas, tranken etwas und flirteten etwas. Aber alles ganz harmlos. Ich versuchte gerade, in einen Pappbecher Sangria zu füllen, als eine zarte Frauenstimme in mein Ohr flüsterte: »Den hab ich gemacht.« Ich drehte mich um. Maria, eine Klassenkameradin italienischer Abstammung mit schwarzen Augen und überdimensionalem Busen, glühte mich an. Sie ließ mich den ganzen Abend nicht mehr aus den Augen. Wo immer ich stand, spürte ich ihre Blicke. Ich beschloss, mich am Ende des Festes unauffällig davonzustehlen. Doch es gab kein Entrinnen. Maria machte meine Fluchtversuche schließlich zunichte, indem sie mich laut fragte, ob ich sie nach Hause begleiten würde. Alle schauten uns an. Es sei spät und sie hätte Angst, da ihr Weg am Friedhof vorbeiführe. Angst hatte ich auch, aber nicht vor dem Friedhof. Es wurde ein langer Heimweg. Maria verfügte über die Erfahrung, die mir fehlte. Sie ging unverzagt, fast fürsorglich zu Werke. Am nächsten Tag fühlte ich mich irgendwie erwachsen und war zum ersten Mal verliebt.

Maria war Kunstturnerin in der Jugendriege unserer Stadt. »Du kannst nächsten Sonntag zum Turnfest kommen!«, ord-

Schule 1954 (untere Reihe, Vierter von links)

nete sie bei unserem nächsten Treffen im Honeret an. »Ich
führe dort meine Übungen am Stufenbarren vor.« Mädchen
am Stufenbarren – geht das? Ich empfand Mädchen als irgendwie anders, zarter, feiner als Burschen. Meine heimlichen
Versuche in unserer Turnhalle aber zeigten mir: Turnübun-
gen am Stufenbarren erfordern Kraft, viel Kraft.

Als ich dann am Sonntag in die Turnhalle kam, waren schon
alle Stühle besetzt. Immerhin ergatterte ich noch einen Steh-
platz auf der Estrade. Maria hatte ihren Auftritt als Dritte.
Ihre Kür war meisterhaft. Die Zuschauer tobten. Aber es war
nicht nur Marias Können, das die Leute bewegte. Denn auch
andere Turnerinnen zeigten eine gute Kür. Bei Maria kam jedoch etwas hinzu, das nur schwer zu beschreiben war. Vielleicht war es einfach die Verbindung ihrer ausgeprägten weib-
lichen Erscheinung mit ihren kraftvollen Bewegungen.

Jedenfalls stand für mich von da an fest: Muskelkraft ist gleichbedeutend mit Schönheit. Und das gilt eben auch für Frauen. Leider verließ Maria kurz nach dieser eindrucksvollen Vorführung die Stadt.

Hölzerne Liebe
1955

Insgesamt empfand ich meine gesamte Schulzeit als reine
Zeitverschwendung, mit Ausnahme der beiden Jahre bei
Gotthilf Hunziker und der Stunden bei Bruno Wipf. Verlo-
rene Lebenszeit. Nach meinem letzten Schuljahr freute ich
mich deshalb darauf, endlich etwas Nützliches zu lernen.
Mein Großvater war Schreinermeister, mein Vater war
Schreinermeister und ich würde wohl auch Schreinermeister
werden – was denn sonst? In den Augen meines Vaters waren
alle, die nicht Handwerker oder Bauern waren, Bürohengste.
Die würden nichts produzieren, sondern lediglich Papier auf
ihren Pulten hin und her schieben und rechtschaffene Leute
ärgern, also jene, die mit den Händen arbeiteten. Meine
Schwester wäre auch gerne eine rechtschaffene Schreinerin
geworden. Doch sie musste eine Banklehre machen, schließlich war sie eine Frau. Und Frauen durften keine Hosen tragen, auch keine blauen. Ich trug Hosen und ging deshalb in
die Schreinerlehre. Ich lernte das Handwerk und fertigte Möbel für die wichtigsten Ereignisse im Leben und danach: Wie-
gen und Betten, Tische, Stühle und Särge.

Mein Lehrmeister, Ernst Gugerli, nahm den Beruf ernst.
Seiner Meinung nach gab es keine gescheiten und dummen
Menschen, sondern nur sorgfältige und nachlässige. Also
brachte er mir Sorgfalt und Respekt vor dem Holz bei, dem
Rohmaterial des Schreiners. Jedes Stück Holz hat eine einma-
lige Struktur, die vom Verlauf seiner Fasern geprägt ist. *Gegen*

das Holz zu hobeln, wird gleich bestraft. Das Holz »reißt aus«, wird unbrauchbar. Es gab Tage, da glaubte ich, die Materie richte sich gegen mich. Nichts gelang mir. Ich warf den Hobel in die Banklade und ging nach Hause. Dann wieder gab es Tage, an denen sich das Holz meinen Absichten fügte und ich am Abend glücklich vor einem Werk stand, das es am Morgen noch nicht gegeben hatte. Ich verliebte mich in den Beruf. Beim Lehrlingswettbewerb erhielt ich die Bestnote. Und zwar für eine Truhe aus Nussbaumholz, die ich Jahre später für zwanzig Franken verkaufte. Was ich mittlerweile ein wenig bereue.

Landesverteidigung
1956

In der Schweiz gab es eine seltsame Institution: den Militärischen Vorunterricht. Damals wurde das männliche Jungvolk auf einen Krieg vorbereitet, der schon vorbei war. Klettern, Hundertmeterlauf, Hoch- und Weitsprung. Denn das kleine Land war noch immer traumatisiert durch die Bedrohung, der es während des Zweiten Weltkrieges ausgesetzt war. Der Militärische Vorunterricht konnte in einem Sportverein freier Wahl absolviert werden. Da ich etwas schmächtig und nicht allzu groß geraten war, fehlte mir zum Schwing-Sport die Körpermasse. Aber ich war schnell, beweglich und verfügte über ein auffallend gutes Reaktionsvermögen. Diese Eigenschaften hatten sich bei gelegentlichen Prügeleien auf dem Schulhof bemerkbar gemacht und bereits herumgesprochen. »Du hast die Rasanz für eine dynamische Sportart«, meinte ein Lehrer. »Vielleicht solltest du es mit dem Boxen versuchen.« Boxclubs gab es jedoch nicht auf dem Lande. Deshalb fuhr ich fortan mit dem Fahrrad zwanzig Kilometer nach Zürich zum Boxtraining: *meinem* Militärischen Vorunterricht.

Die militärische Vorunterrichtsprüfung bestand ich in allen Disziplinen mit der Note »1«. Jede andere Note wäre unter meinesgleichen auch indiskutabel gewesen. Mein Talent, schnell und hart zuzuschlagen, fiel auch den Trainern auf. Allerdings verordneten sie seinerzeit einen Boxstil, der mir nicht gefiel. Nur mit einer Hand zuschlagen zu dürfen und mit der anderen abzuwehren war mir viel zu defensiv, ja ich empfand

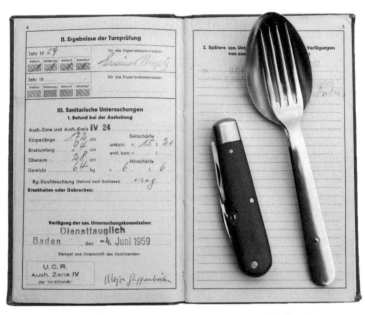

Mein Dienstbüchlein – nur Bestnoten vorstellbar

es als geradezu hinderlich. Den ersten Kampf verlor ich nach Punkten; den zweiten ebenfalls. Dann hörte ich nicht mehr auf meinen Trainer. Den nächsten Kampf gewann ich. Ich hatte meinen Stil gefunden.

Ramon und die Spezialisten
1957

»Noch eine Runde, dann ist es genug für heute«, befand mein Sparringspartner. Ich antwortete, indem ich die Fäuste zweimal vor meinem Gesicht zusammentippte; jene Geste und das leicht klatschende Geräusch bedeutete: »Machen wir weiter.« Sparring ist kein Kampf, sondern die Simulation eines Kampfes. Wer beim Sparring voll und hart zuschlägt, ist ein Trottel und findet bald keine Partner mehr. Aber zugeschlagen wird allemal. Ursprünglich war Boxen ein Sport der Arbeiter und Handwerker. Wohl gab es hin und wieder auch Bürohengste, vornehmere Herren, die in der Regel der Mittelklasse entstammten und sich gerne mal dem herben Geruch einer Boxhalle aussetzten. In Amerika nennt man diese Spezies noch heute »white collar boxer«. Sonderlich beliebt waren die allerdings nie, weil sie den Unterschied zwischen Sparring und Kampf oft nicht kapierten.

An diesem Abend war mein Sparringspartner ein erfahrener Boxer, dem man sich anvertrauen konnte, was bedeutete, dass man etwas dazulernte. Der Schmerz im Brustkorb rechts unten war plötzlich da, nicht stechend, aber deutlich. Woher aber kam er? Vom Ellbogen des Sparringspartners vielleicht? »Aufhören, ich kann nicht mehr!« – »Wieso?« – »Ich kann kaum noch atmen. Hab starke Schmerzen.« Die ließen leider auch in den nächsten Stunden nicht nach.

Und auch die Nacht war schlimm. Jeder Atemzug schmerzte und jede Bewegung des Oberkörpers. Am nächsten Morgen ging ich zum Arzt. »Dein Rippenfell hat es erwischt«, diagnostizierte der Doktor, nachdem er meinen Brustkorb abgetastet hatte. »Das ist schmerzhaft, ich weiß. Du brauchst Ruhe, mein Junge. Lass die Boxerei für die nächsten … na, sagen wir, sechs, o. k., vier Monate.« Vier Monate? Damit war die Saison für dieses Jahr gelaufen. Das war hart, härter als der Schmerz beim Atmen.

Am Abend ging ich in den Club, um dem Trainer zu berichten und mein Sportzeug mit nach Hause zu nehmen. Vielleicht konnte ich dort im Keller etwas üben, sobald es mir besser ging. Da hing noch ein Punchingball, den ich nur aufpumpen müsste. Franz, mein Trainer, hörte sich meinen Bericht an und meinte dann: »Nun häng dich nicht gleich auf, Werner, wegen dieser paar Wochen. Du bist noch jung. Und die nächste Saison findet im nächsten Jahr …« – »Was nicht gut mit dir?«, schnarrte Ramon, ein Profi aus Spanien, dazwischen. Er hatte eben seine Boxerstiefel geschnürt und war unserem Gespräch gefolgt. »Du musst mit Gewichte üben. Dann, in drei, vier Wochen, alles vorbei ist.« Trainer Franz lachte. »Lass den Quatsch, Ramon. Der junge Mann ist ein Talent. Mach es nicht kaputt. Mit Gewichten trainieren! Ich hör wohl nicht recht?!« Er schüttelte den Kopf und ging in die Halle, um das Training mit den wartenden Junioren zu beginnen.

Ramon blieb unbeeindruckt. »Amateure«, brummte er und deutete mit dem Zeigefinger auf die Stirn. »Ich zeig dir, was ich meine. Aber ich muss zuerst Zimmer finden. Ich schlafe bisher im Männerheim.« Mir fiel ein, dass bei Fischers im Dorf ein Zimmer zu mieten war. »Bei uns in der Nähe gibt's was, wenn dir das nicht zu weit ist.« Ich notierte die Adresse auf einem Stück Pappe. Ramon steckte es wortlos ein und verschwand in der Trainingshalle. Ich ging nach Hause. Am nächsten Tag hatte ich nochmals einen Arzttermin. »Du solltest dich möglichst wenig bewegen. Nichts da mit Boxen, versprich es mir.« – »Ein Freund aus dem Club meint, ich solle mit Gewichten trainieren; dann würde ich meine Schmerzen schneller los.« Der Doktor rückte seine Brille zurecht. »So etwas kann man nicht beschleunigen. Nun gib mal Ruhe, du Zappelphilipp.«

Am Abend ging ich wieder in den Club, um den Trainer genauer zu befragen. »Was hast du gemeint, als du zu Ramon sagtest, er soll mein Talent nicht kaputtmachen?« Franz war staatlich diplomierter Boxtrainer und musste ja wohl wissen, was er sagte. »Vom Training mit Gewichten kriegst du so viele Muskeln, dass du dich kaum mehr bewegen kannst. Du wirst langsam, unbeweglich und schwer.« Ich hakte nach. So einfach wollte ich mich nicht abspeisen lassen. »Aber Ramon ist sehr kräftig und trotzdem beweglich und schnell, wenn man ihm so beim Sparring zusieht.« Franz fühlte sich offensichtlich unbehaglich. »Ich sage dir: Ramon hat einen Dachschaden, wie ihn alle Profis früher oder später kriegen. Also, bis dann.« Vielleicht hat nicht nur Ramon einen Dachschaden, dachte ich und ging.

Zwei Tage später kaufte ich im Dorfladen Kaffee. »Eben hat übrigens einer nach dir gefragt. So ein dunkler Typ, ein Ausländer, mit ziemlich dicken Armen. Er wohnt bei den Fischers«, meinte die Frau hinter dem Ladentisch, während sie den Blechbehälter mit den Kaffeebohnen öffnete.

Im »Schöpfli«
1958

Ramon hatte tatsächlich das Zimmer bei Fischers im Dorf bezogen. Ich zeigte ihm meinen »Trainingsraum«, einen winzigen Schuppen, das »Schöpfli«, im Garten meines Elternhauses. Die niedrige Decke störte nicht weiter, denn beim Boxen bewegt man sich ohnehin in einer geduckten Haltung. Außer dem Punchingball in der Mitte des Raumes erinnerte nichts an einen Trainingsraum. »Ist klein«, meinte Ramon, »aber geht. Wenn kein Regen, wir draußen üben.« – »Womit denn?«, fragte ich. »Mit Flaschen, leere Flaschen«, erwiderte

Meine erste Hantel

Endlich stark!

Ramon. »Hanteln aus Eisen besser. Aber geht auch mit Flaschen mit Sand.«

Ramon brachte mir in zwei Übungsstunden zwölf Übungen
bei, die so ausgeführt werden mussten, dass man die Muskeln
genau spürte, die trainiert werden sollten. Die Gewichte waren lächerlich gering. Aber Ramon legte großen Wert auf eine
korrekte Ausführung aller Bewegungen. In der ersten Woche
schmerzte mein Brustkorb noch bei jeder Übung. In der zweiten ließ der Schmerz langsam nach. Und in der dritten war er
ganz weg. Ramon auch. Ohne jede Nachricht. »Aber ja doch,
die Miete hat er bezahlt. Es war wohl was mit der Familie in
Spanien, oder so«, meinte Frau Fischer. Ich habe Ramon nie
mehr gesehen. Er hat wahrscheinlich nie erfahren, was er ausgelöst hat.

Eine alte Liebe erlischt
1958

Der Schmerz war weg und etwas Neues war da: Kraft, schiere Kraft, wie ich sie noch nie empfunden hatte. Ich spürte nicht nur die Veränderung, ich sah sie auch beim Blick in den Spiegel. Ich werde es wieder versuchen mit dem Boxen, dachte ich. Vielleicht reicht es noch zur Nominierung im Weltergewicht für die Landesmeisterschaft im Herbst. Zurück im Club empfing mich Franz ebenso erfreut wie verwundert. »Da bist du ja schon wieder. Das ging aber schnell. Tut nichts mehr weh? … Aber – sag mal …« Ich hatte eben mein Hemd ausgezogen und Franz starrte mich erstaunt an. »Wie siehst du denn aus? Warst du in einem Holzfällerlager? Nun sag bloß, du hast tatsächlich mit diesem bescheuerten Torero trainiert. Na ja, wir werden ja sehen. Du kannst gleich als Erster an die Pratzen, damit du das Wichtigste schon hinter dir hast, bevor du müde wirst. Kondition hast du ja wohl keine mehr. Deine dicken Muskeln fressen jetzt ohnehin zu viel Sauerstoff.« »Pratzen« heißen die flachen, auf der Handinnenseite dick gepolsterten Handschuhe des Trainers, auf die der Schützling seine Schläge platzieren muss.

»Links, links und rechts! Achte auf deinen Fuß! Noch mal: Links, links, rechts!« Ich schlug und wusste: Ich war stärker und schneller geworden. »Deine Linke geht ja ab wie die Feuerwehr!«, stellte Franz überrascht fest. »Noch mal!« Ich wurde nicht müde. Im Gegenteil: Meine Schläge kamen immer schneller, härter, präziser. Nach einer weiteren Minute

Maisbirne für das Boxertraining

senkte Franz die Arme. »Die Pause scheint dir gut bekommen
zu sein. Du hast ja einen wahren Quantensprung gemacht.
Mach weiter so, aber lass die Murkserei mit den Gewichten.
Langfristig macht es dich langsam und unbeweglich.« Schon
wieder, dachte ich. Ich wusste, dass ich diesen »Quanten-

sprung« der »Murkserei« mit den Gewichten zu verdanken hatte. Aber für die Nominierung war es dennoch zu spät. »Auch im nächsten Jahr findet wieder eine Meisterschaft statt«, tröstete mich Franz. Für mich war endgültig klar: Dieser Trainer war ein Idiot. Boxen verlor für mich an Magie.

Abstieg in den Keller
1958

Im »Schöpfli« war es eng geworden. Denn meine Freunde
und deren Freunde interessierten sich nun für den »neuen
Sport«, der in dem kleinen Dorf oben am Berg betrieben
wurde. Mittlerweile waren Waschmaschine und Wäsche-
trockner erfunden worden und man konnte nun waschen,
wann man wollte. Den Waschtag, stets ein Mittwoch, gab es
nicht mehr. Die Waschküche hatte ihren Zweck verloren,
ebenso der Trockenraum. Das war meine Chance. Ich ver-
legte mein Trainingslager in den ehemaligen Trockenraum.
Inzwischen war auch meine Sammlung an schweren Gegen-
ständen gewachsen. Einige aus Beton gegossene Hanteln, eine
an der Decke befestigte Stange für Klimmzüge sowie Federn
zum Auseinanderziehen, mehr war im Moment nicht notwendig. Das meiste Material holte ich vom Schrottplatz, zum Alt-
eisenpreis. Mein Schwager Walter Ramseier, Werkmeister in
einer Schweißmaschinenfabrik, der mein Treiben aufmerksam
beobachtete, besorgte mir »Rondelle«: runde Scheiben aus
Stahl, die mit dem Schweißbrenner zu Testzwecken ausge-
schnitten wurden. Daraus ließen sich mit wenig Aufwand
Hantelscheiben herstellen. Ich musste lediglich in der Mitte
ein Loch für die Stange bohren und die scharfkantigen Rän-
der mit der Feile etwas abrunden.

Meine damaligen Freunde empfanden diesen Trainingsraum als nahezu luxuriös. Der Raum maß etwa acht mal acht
Meter. Die Decke war gerade so hoch, dass man sie mit aus-

gestreckten Händen nicht berühren konnte. Die Zahl der Freunde wuchs. Tagsüber arbeitete ich auf dem Bau und schleppte Eisen. Am Abend stemmte ich mit meinen Freunden Eisen. Eisen hat einen Geruch, der mich schon von weitem anzieht.

Genosse Hans
1958

Es war ein wunderbarer Frühling. Ich hatte die Lehrab-
schlussprüfung bestanden. Und ich hatte mehr Lust, draußen
zu arbeiten als drinnen. Statt mich als Schreiner zu bewerben,
ging ich auf den Bau, zunächst als Hilfsarbeiter, dann als Eisenbieger im Akkord. Es war eine anstrengende, aber sehr gut
bezahlte Arbeit. Die Tragik des Eisenbiegers besteht darin,
dass sein Werk – wunderbare Eisengitter und Eisenkörbe – mit
Beton zugegossen wird; eingemauert bis ans Ende der Zeiten.
Ich träumte damals davon, einen durchsichtigen Beton zu entwickeln, der nicht nur die Struktur der Eisen sichtbar lässt,
sondern gleichzeitig Fenster überflüssig macht.

Dann lernte ich einen neuen Freund kennen, Hans Hürli-
mann, der »etwas« älter war als ich: Zwischen uns lagen mehr
als 50 Jahre. Hans war Kunstmaler, hatte keinen Zahn mehr
im Mund, war aber dennoch eine stattliche Erscheinung mit
weißen Haaren, langen breiten Koteletten und einer hohen
Stirn. Seine tief liegenden Augen blickten entweder ernst-for-
schend oder listig-witzig. Der Ausdruck seines Blickes konnte
blitzschnell wechseln, ohne dass sich in seinem Gesicht etwas
bewegte. Hans rauchte Toscanelli, eine Schweizer Zigarre von
stark konischer Form, die er verkehrt herum – mit dem dicken
Ende im Mund – zu rauchen pflegte. Er behauptete, dass sie
dadurch länger vorhalte.

Hans hatte stets junge Leute um sich, mit denen er disku-
tierte oder vor denen er dozierte. Hans empfahl denjenigen,

die er fördern wollte, Bücher von Philosophen, Sozialrevolutionären und Naturforschern. Das erste Buch, das Hans mir lieh, die »Aphorismen zur Lebensweisheit« von Arthur Schopenhauer, überreichte er mir mit einer gewissen Feierlichkeit: »Das ist ein Pessimist! Aber wenn du depressiv wirst, bist du selbst schuld und nicht Schopenhauer.«

Nach meinem Boxtraining ging ich oft ins »Central«, die Kneipe, in der Hans seinen Stammtisch hatte. »Der Werner macht das schon richtig, wenn er immer trainiert«, meinte Hans zu den Jungen an seinem Tisch. »Befiehl deinem Körper, wenn du jung bist, sonst befiehlt er dir, wenn du alt bist.« Hans blickte in die Runde und fügte an: »Aber eure Birne müsst ihr auch trainieren, sonst verblödet ihr schon, bevor ihr alt seid. Wenn ihr nur Weiber im Kopf habt, hat darin nichts anderes mehr Platz. Und wenn ihr eine heimführt, dann entweder eine strohdumme oder eine mit Grips. Schwierigkeiten machen die im Mittelfeld. Und das sind die Meisten.« Ich versuchte manchmal, mir vorzustellen, wie das sei, wenn man alt ist. Welche Vergnügen hat man dann noch? Geistige Vergnügen bleiben auch im Alter erhalten, behauptet Schopenhauer. Ein wahrhaft tröstlicher Gedanke.

Obwohl die Bücher, die Hans mir gab, eine eigenartige Faszination auf mich ausübten, verstand ich wenig von dem, was dort stand. Doch glaubte ich, darin ein Tor zur Welt zu erkennen, zu einer großen, reichen Welt, einer ganz anderen Welt als jener, aus der ich selbst kam. »Bin ich vielleicht zu dumm, um das zu verstehen?«, fragte ich Hans einmal, als ich hoffnungslos in Kants »Kritik der reinen Vernunft« stecken geblieben war. »Nein, dumm bist du nicht, aber etwas einfältig. Das ist nicht dasselbe. Hast du denn kein Wörterbuch zu Hause?« Wörterbücher? »Fast alles Lernen besteht letzten Endes darin, Wörter zu lernen. Mit einem guten Wörterbuch kommst du durch jeden – hör gut zu – durch *jeden* Text. Und glaub bloß nicht, dass du dumm bist. Damit narren sie uns schon lange, die Schergen und Lakaien des Kapitals!« Damit meinte Hans vor allem Psychiater und Professoren. Am folgenden Tag fand ich im Brockenhaus ein gebrauchtes, aber noch vollständiges »Wörterbuch der deutschen Sprache« für zwei Franken.

Hans hatte im Ersten Weltkrieg und im spanischen Bürgerkrieg gekämpft. Dort auf der Seite der katalanischen Anarchisten. Einer von Francos Soldaten hatte ihm aus nächster Nähe eine Kugel in den Kopf geschossen. Die Kugel war dort eingedrungen, wo der Knochen dick ist, an der Nasenwurzel. Und da blieb sie auch. Den Ärzten war nicht klar, ob eine Operation das Hirn verletzt hätte. Jedenfalls war es zu riskant, das Geschoss zu entfernen. Das Loch im Kopf überzog sich im Laufe der Jahre mit Bindegewebe und Haut. Wenn Neulinge in der Stammtischrunde am Wahrheitsgehalt seiner Geschichte zweifelten, bot Hans ihnen an, ihren kleinen Finger so tief in seinen Kopf hineinzustecken, bis der Fingernagel nicht mehr sichtbar war.

Manchmal pflegte Hans seine Weltanschauung mit einem einzigen Satz zu umreißen: »Der Nationalstaat ist die Schnapsidee englischer Alkoholiker, die christliche Religion die Folge eines permanenten Sonnenstichs nordafrikanischer Beduinen, und die katholische Kirche ist eine kriminelle Vereinigung.« Dann wartete er geduldig, aber hoffnungsvoll auf das erste zögerliche »Ja, aber …« eines »Neuen« in der Runde. Beruhte solch ein Widerspruch auf Unwissen, hatte Hans leichtes Spiel.

Ab und zu gab es aber auch kompetente Opposition. Dann konnte Hans richtig gallig werden. Einmal widerlegte ein Neuer mit wenigen Worten eine seiner Theorien, die eine astrologische Hypothese beweisen sollte. Der Neue war Astrophysiker und konnte das Ptolemäische Weltbild, auf dem die Astrologie gründet, schnell widerlegen. Hans tat mir irgendwie leid, obwohl er – vielleicht auch weil er – hoffnungslos unterlegen war und offensichtlich Unrecht hatte. Doch waren solche »Entgleisungen« Ausnahmen.

Hans war ein ausgezeichneter Beobachter menschlichen Verhaltens. Er hatte den »Marsbewohnerblick«, indem er sozusagen mit dem Fernrohr menschliches Verhalten studierte und nicht nur anthropologisch, sondern gar zoologisch kommentierte. Die Erziehungsversuche von Eltern subsumierte er unter »Brutpflege« und das Flirten junger Leute bezeichnete er als »Balzverhalten«. Das, was später als »Körpersprache« bekannt wurde, war Hans geläufig. »Du musst dich nicht kleiner machen, indem du den Kopf zur Seite neigst«, beschied er einmal einem, der sich bei ihm einschmeicheln wollte. Von Hans lernte ich, am Gang eines Menschen dessen Kräfte- bzw. Schwächeverhältnisse einzuschätzen. Wir bewegen uns kraft unserer Kraft; und wir »hinken« entsprechend unserer Schwäche.

Der Untergang des Kapitalismus
1958

Das »Central« war eine Kneipe, in der nicht nur Philosophen und Künstler, sondern auch Huren und Schläger verkehrten, wobei die Zugehörigkeit der einzelnen Gäste zu der einen oder anderen Gruppe nicht immer eindeutig war oder gar – je nach Situation – schwankte. Nachdem Hans von meiner Integrität ebenso überzeugt war wie ich von seiner weltmännischen Erfahrung, weihte er mich in sein Geheimnis ein. Als eines Tages der Wirt des »Central« um Mitternacht die Polizeistunde ausrief und sich die Runde aufzulösen begann, lud Hans den jungen Jazzmusiker Celly, den Elektriker Adolf, der seinen Eltern wegen seines Vornamens grollte, und mich zu sich nach Hause ein, zu einem »Schlummertrunk«, der üblicherweise die ganze Nacht dauerte. Den Trunk musste allerdings jeder selbst mitbringen, denn Hans war arm und darüber hinaus bekennender Abstinenzler. Die Einladung in sein Atelier aber bedeutete eine Ehre, die nur wenigen zuteil wurde.

Hans bewohnte in einem alten Haus vier hohe Zimmer, wovon zwei mit einem Ofen ausgerüstet waren. In allen Zimmern – selbst neben dem Klo – türmten sich Bücher, Säulen gleich, stellenweise fast bis zur Decke. Hans hatte sich schon seit Längerem vorgenommen, Regale zu bauen, um die Bücher platzsparender unterzubringen. Ungerahmte Bilder standen schräg aneinandergelehnt auf dem Fußboden und erinnerten – an der Wand beginnend und teilweise mitten ins

Zimmer ragend – an die Landebrücken eines Hafens. Das Durchschreiten des Raumes erforderte Umwege, wodurch dieser größer erschien, als er tatsächlich war.

Die Bilder, die Hans malte, zeigten seltsame Szenen mit Totenköpfen, nackten Frauen und eigenartig boshaft aussehenden Tieren. Ein Bild betrachtete ich besonders lange. Auf dem waren mehrere Reiter zu sehen, die – wie ich aufgrund eigener Reiterfahrungen wusste – nicht richtig auf dem Pferd saßen, weshalb ich argwöhnte, dass sie wohl nicht gelernt hatten zu reiten oder Hans nicht wusste, wie man richtig auf einem Pferd sitzt. Hans erklärte mir jedoch, dass es darauf gar nicht ankomme. Denn dieses Bild stelle keine Reitveranstaltung dar, sondern böte eine Allegorie der Apokalypse aus dem Johannes-Evangelium. Ich wunderte mich darüber, dass Hans überhaupt biblische Szenen malte, da er doch nach eigener Aussage »Atheist bis auf die Knochen« sei. Aber Hans meinte, dass solche Bilder gerne von christlichen Spinnern gekauft würden. Und von denen gebe es ja leider Gottes – Hans sagte tatsächlich des Öfteren »leider Gottes« – recht viele.

Schließlich räumte Hans den großen Tisch in der Mitte des Raumes frei und entfaltete darauf eine Zeichnung, die größer war als die Tischfläche, so dass Celly sie an einem Ende immer dann hochhalten musste, wenn Hans dort etwas erläutern wollte. Die Zeichnung zeigte seine Erfindung: eine Maschine, welche die Gezeiten des Meeres zum Zwecke der Erzeugung von elektrischem Strom nutzen sollte. Und diese Erfindung sollte vor allem die politische Landkarte der Erde verändern. Denn Hans wollte in die Camargue ziehen, um mit Hilfe seiner Erfindung den Kapitalismus zu erledigen. Er glaubte, damit die Großmächte Amerika und Russland zum Frieden zwingen zu können. Aber sein Leben sei in Gefahr. Daher suche er nicht nur Handwerker und Wissenschaftler, sondern auch Leibwächter. Ich konnte mir damals durchaus vorstellen, die Rolle eines Leibwächters auszuüben.

Allerdings müsste das erste Kraftwerk zu Testzwecken nicht in der Camargue gebaut werden, da das Mittelmeer kaum Gezeiten kenne, sondern irgendwo an der französischen Westküste, am Atlantik. Adolf, der Elektriker, bezeichnete das Ganze als völligen Blödsinn. Daraufhin hielt ihm Hans eine Predigt, die beweisen sollte, dass Adolf ein Fachidiot sei, der vor lauter Bäumen den Wald nicht mehr sehe. Celly, der Musiker, der ebenfalls eine elektrotechnische Ausbildung genossen hatte, sagte überhaupt nichts, sondern vertiefte sich ganz in die technische Zeichnung. Hans steckte sich derweil eine Toscanelli an und erläuterte dabei, unterbrochen durch mehrmaliges Saugen an der Zigarre: »Das wichtigste – paff, paff – ist das Isoliermaterial – paff, paff – zur Abschirmung der Stromspannung.« Bei diesen Worten legte er eine am Tisch lehnende schwarze, quadratische Platte von etwa einem halben Meter Seitenlänge langsam, fast feierlich auf die Zeichnung.

Ich hatte etwas versonnen dem Rauch der Zigarre nachgeblickt. Doch jetzt stutzte ich. Hans stand leicht vorgebeugt, die Zigarre im Mundwinkel über der Mitte der Platte. Der Rauch stieg schneller nach oben als vorher, bevor die Platte auf dem Tisch lag. »Gibst du mir mal eine Zigarette?«, fragte ich Adolf. »Ich wusste gar nicht, dass du rauchst«, entgegnete Adolf. »Ich auch nicht. Aber jetzt muss ich unbedingt etwas ausprobieren.« Adolf gab mir eine Zigarette und auch gleich Feuer dazu. Ich hielt die brennende Zigarette über die Platte. Der Rauch stieg ziemlich schnell nach oben, wie bei der Zigarre. Dann hielt ich die Zigarette neben die Platte. Der Rauch stieg nur noch träge. »Was ist das denn für ein Ritual?«, fragte Hans. Doch dann machte auch er das Experiment mit seiner

Zigarre. »Das darf doch nicht wahr sein«, sagte er halb belustigt, halb beunruhigt. »Die Platte schirmt die Schwerkraft ab.« – »Na und?«, meinte Adolf, »ist das was Besonderes?« Ich gab ihm die brennende Zigarette zurück und sagte: »Ja, ist es. Wir werden fliegen!«

Medizin — selbst gemacht
1958

Aus der Fliegerei wurde natürlich nichts. Denn ich merkte bald: So einfach ist das nicht mit der Physik. Besonders mit der Schwerkraft haben sich schon wahrhaft große Geister übernommen. Und auch der Umzug in die Camargue musste aufgeschoben werden. Hans war nämlich schon einige Tage nicht mehr im »Central« erschienen. Dort kursierte das Gerücht, seine Leber mache nicht mehr so richtig mit. In seinem Hodensack habe sich Wasser gesammelt, wodurch dieser auf Fußballgröße angeschwollen sei. Das behauptete jedenfalls Benni, ein Gelegenheitsseemann, dessen Glaubwürdigkeit schon durch die Besonderheit dieses Berufsstandes in einem Alpenland verbürgt war. Er hätte Hans am vorigen Tag einen Brocken Meerschaum aus Tansania gebracht, den er ihm versprochen hatte, damit Hans sich seine lange ersehnte Tabakspfeife endlich schnitzen konnte. Darin wollte er dann die Kippen seiner Toscanellis rauchen.

Ich war besorgt, weil mir wieder bewusst wurde, dass Hans schon ziemlich alt war. Ich radelte also zu seinem Haus. Niemand öffnete auf mein Klopfen. Aber die Tür war nicht verschlossen, und ich betrat seine Wohnung. Im halbdunklen Flur rief ich laut nach Hans. Ich war vorsichtig, denn Hans hatte zu Hause stets eine Pistole zur Hand. Eine Gewohnheit aus dem Bürgerkrieg, wie er meinte. Keine Antwort. Ich fürchtete, Hans nur noch tot aufzufinden. Die Reise in die Camargue war gestrichen und dem Kapitalismus nunmehr ewiges Leben beschieden. Ich betrat das Schlafzimmer, in dem ein riesiges Bett stand. Hans lag auf der Seite und atmete regelmäßig. Auf dem Stuhl neben dem Bett lag aufgeschlagen ein dickes Buch. Ich nahm es und setzte mich leise hin, um Hans nicht aufzuwecken. Den Zeigefinger als Lesezeichen benutzend, klappte ich das Buch zu und betrachtete den Deckel: ein Kunstwerk! Eine Frau mit edlen Gesichtszügen steht vor einer Landschaft im Sonnenuntergang, vielleicht auch im Sonnenaufgang. In der rechten Hand hält sie einen Krug, in der linken eine Schale mit Wasser. Es handelte sich jedoch nicht um eine bloße Abbildung, sondern um ein Relief. Die Äpfel an dem grünen Baum, unter dem die Frau stand, waren leuchtend rot und prangten derart aus dem Bild heraus, dass ich den Eindruck hatte, sie würden abfallen, wenn ich das Buch schütteln würde. Unter dem Bild stand in goldenen Buchstaben: »Platen – die Neue Heilmethode«. Es war ein ziemlich altes Buch und handelte von Gesundheit und Krankheit. Ich begann zu lesen:

»In dem Flecken Haddatha, fünf Stunden von Saffed in Kleinasien, starb vor kurzem ein Türke, namens Hadschi Soliman Saba, im Alter von 132 Jahren. Er hatte, wie dem Wiener ›Vaterland‹ berichtet wird, sieben Frauen gehabt, die alle vor ihm gestorben waren; mit diesen sieben Frauen hatte er 60 Söhne und 9 Töchter, die übrigens auch bereits alle tot sind. Die siebente Frau heiratete er im Alter von 98 Jahren und erhielt von ihr noch drei Söhne. Dieses Jahr trug er sich mit dem Gedanken, nochmals zu heiraten, aber er hatte nicht mehr das notwendige Geld zum Heiraten. Er war sein ganzes Leben Bauer, aß nur Gerstenbrot und Bohnen, trank nur Wasser; Fleisch genoss er bloß an den zwei türkischen Beiramfesten. Sein Kleid bestand aus einem langen leinenen Hemd; Beinkleider trug er bloß auf Reisen. Er war sein ganzes Leben nie krank, außer an den vier Tagen vor seinem Tode.«

Alte Heilmethoden faszinierten mich

Vielleicht wäre das gut so – dass wir alle steinalt werden, nie krank sind und dann schnell sterben. Auch Hans wäre womöglich 132 Jahre alt geworden.

Ich hatte wohl schon mehr als 200 Seiten gelesen, als mich die barsche Stimme von Hans aufschreckte: »Bring mir die Schüssel dort auf der Kiste.« Ich war in das Kapitel »Epilepsie, Fallsucht« vertieft und – dank der lebensnahen Beschreibungen – überzeugt, dass ich unter *beiden* Krankheiten leiden würde. Die entsprechenden Symptome aber verschwanden beim Erwachen des Freundes. Ich holte den Krug und trug ihn vorsichtig an das Bett. Er enthielt eine Flüssigkeit, die etwas nach Moder und Pilzen roch oder nach fremden Pflanzen.

Hans nahm einen kräftigen Schluck aus dem Krug und reichte ihn mir wieder. »Schau dir das mal an!« Ich stellte den Krug auf die Kiste zurück. Hans setzte sich auf den Bettrand und machte seinen Unterleib frei. Ich erschrak. Sein Hodensack war tatsächlich zu unförmiger Größe aufgedunsen, nicht rund wie ein Fußball, sondern eher wie ein Boxhandschuh. »Was ist denn das?«, fragte ich ein wenig blöde, denn mir fiel nichts Gescheiteres ein. »Elefantiasis«, antwortete Hans nachdenklich. »Gehst du nicht zum Arzt?« – »Nein, das kurier ich selbst: besser, schneller und vor allem billiger. Ach ja: Kannst du mir übrigens etwas aus der Apotheke mitbringen? Es steht alles auf dem Zettel, der dort auf der Kommode liegt.« Ohne meine Antwort abzuwarten, zog sich Hans wieder an, legte sich zurück und drehte sich gegen die Wand. »Alles hängt mit allem zusammen«, begann er einen Monolog, wohl wissend, dass ich nicht hinausgehen würde, bis er fertig sei.

»Wenn ein Organ geschädigt ist, belastet es zwangsläufig auch die anderen und schädigt sie früher oder später ebenfalls. Wenn dein Herz nicht richtig arbeitet, haben die Muskeln Sauerstoffnot und du kriegst Gnomenwaden. Damit versucht das System den Sauerstoffmangel zu kompensieren. Mehr Kraft, weniger Sauerstoff. Ein Hals-Nasen-Ohren-Arzt ist ein Witz. Als gäbe es Menschen, die nur aus Hals, Nasen und Ohren bestünden. Wenn die Muskeln schwach werden, werden die Knochen brüchig. Dann brechen sie und du wirst ins Spitalbett gelegt. In der Horizontale reiben die Lungenflügel aneinander und du kriegst eine Lungenentzündung. Aus.«

Hans schlief wieder ein. Und ich verließ das Haus.

Am nächsten Abend nach meiner Arbeit auf dem Bau als Eisenbieger ging ich mit dem Zettel meines Freundes noch schnell in die Apotheke, gleich gegenüber vom »Central«. Der Apotheker musterte die Liste, wobei seine Augenbrauen höher und höher wanderten. Schließlich nahm er mich mit einem Greifvogelblick ins Visier: »Wozu benötigen Sie diese Ingredienzen?« In einem Anfall von Selbstüberschätzung antwortete ich kühl: »Ich behandle einen Fall von Elefantiasis.« Der Apotheker schwieg einen Moment und schaute seine neugierig hinzugekommene Gehilfin an. »Der junge Mann ›behandelt‹ Elefantiasis mit Bleiweiß und Schwefelpulver!« Er gab mir den Zettel mit einer schroffen Bewegung zurück: »Sehr witzig. Auf Wiedersehen!« Die Gehilfin – eine attraktive junge Frau – warf mir einen langen, mitfühlenden Blick zu, der mich derart verwirrte, dass ich die falsche Tür wählte und – da die sich nicht öffnen ließ – es mit einem derart kräftigen Zug versuchte, dass sie sich aus dem Rahmen zu lösen begann. Ich wollte mich sofort entschuldigen und den Schaden wieder gutmachen, als der Apotheker herbeistürzte und der Gehilfin befahl: »Rufen Sie die Polizei! Halbstarke, Straßenpack!«, so dass ich schnell durch die richtige – von der Gehilfin mit verschwörerischem Lächeln aufgehaltene – Tür ins Freie gelangte.

Draußen schaute ich erstmals selbst auf den Zettel. Acht – vermutlich lateinische – Namen und jeder mit einer Zahl versehen. Vielleicht die Bezeichnung für die jeweilige Menge, dachte ich und ging über den Kirchenplatz, wo ich mich auf die kleine Mauer vor der Kirche legte. Was hatte ich bloß falsch gemacht? Ich studierte den Zettel nochmals und noch gründlicher, verstand aber genauso wenig wie zuvor. Ich streckte mich aus; die Abendsonne wärmte mich angenehm und ich döste ein, wie mir das häufig passierte, wenn ich nicht mehr weiter wusste.

»Was ist jetzt mit der Elefantiasis?«, lachte eine helle Stimme über mir. Die Gehilfin des Apothekers – nun allerdings ohne ihren weißen Apothekerkittel. Sie gefiel mir ausgesprochen gut in ihrem eng anliegenden lila Rollkragenpullover und ihrem schwarzen Faltenrock. Sie setzte sich, direkt neben meinem Kopf, auf die Mauer. »Ich hab mich vorhin ja fast totgelacht.

Der Rucki« – der Apotheker hieß Ruckstuhl – »also der Rucki, mein Chef, hat sich fast in die Hose gemacht. ›Hast du den Typ gesehen? Ein Krimineller, ganz bestimmt, oder noch schlimmer! Wie der mich angeschaut hat.‹« Die Gehilfin wurde plötzlich nachdenklich. »Eigentlich ist er ein Armer. Seit ihm seine Frau davongelaufen ist, leidet er unter Verfolgungswahn.« Derart ernsthaft erschien mir die Gehilfin sehr erwachsen, fast erhaben. »Gib mir mal die Liste. Ich bring dir das Zeug. Morgen Abend, um halb sieben.« Sie drückte mir, der ich immer noch staunend auf der Mauer lag, blitzschnell einen Kuss auf den Mund, stand auf und verschwand im Strom der Pendler, die vom Bahnhof kamen. Etwas benommen, aber irgendwie glücklich machte ich mich auf den Heimweg.

Und tatsächlich klappte es. Sie kam pünktlich, küsste mich wieder – diesmal zu meinem Bedauern nur auf die Wange – und übergab mir mit beiden Händen eine große Tüte. Ich schaute hinein und wollte fragen, was das alles gekostet habe. Aber schon war mein Engel verschwunden … und sollte erst sehr viel später wieder auftauchen.

Zwar hatte sich der Gesundheitszustand von Hans mittlerweile deutlich verbessert. Aber er meinte, mit der Camargue würde es in diesem Jahr wohl nichts mehr werden. Ich fand es bedauerlich, dass das Ende des Kapitalismus wegen eines Hodensackes nun weiter vertagt werden musste, war aber zufrieden, dass es meinem Freund wieder besser ging. »Hier sind übrigens deine Medikamente.« Ich reichte ihm die Tüte aus der Apotheke. »Medikamente?«, fragte Hans und schaute mich einen Moment verdutzt an. Dann lachte er amüsiert: »Ach ja, die Medikamente, das ist gut, wirklich gut.« Und er lachte noch lauter und das auch noch ohne sein Gebiss. »Medikamente, ja, warum nicht? Aber mit dem Zeug da … da stelle ich meine Farben her!«

Philosophie nachhaltig
1958

Hans hatte sich erholt von seiner Elefantiasis und erläuterte am Stammtisch den physiologischen Zusammenhang von Leber und Elefantiasis. Es war stets beeindruckend, wenn Hans über Medizin dozierte. Er wusste einfach derart viel, dass man sich unwillkürlich fragte: Wo hat der das alles bloß her? Das letzte Buch, das ich von Hans erhielt, war jedoch kein Medizinbuch. Doch sollte es richtungweisend für mein Leben sein: »Der Einzige und sein Eigentum« von Max Stirner. »Das ist kein Pessimist«, warnte Hans, als er mir das Buch im »Central« überreichte. »Das ist ein Nihilist! Entweder du verstehst ihn, dann kannst du das Buch wegschmeißen, nachdem du es gelesen hast. Du brauchst es dann nicht mehr, weil es sich in dein Hirn eingebrannt hat. Oder du verstehst ihn nicht. Dann bist du angekränkelt, verletzt und läufst ohne Wundverband herum. Dann kannst du dich gleich umbringen. Also, überleg es dir gut, bevor du mit der Lektüre beginnst.« Diese Warnung kam mir damals etwas übertrieben vor. Später verstand ich sie besser. Denn bei Stirner bleibt kein Stein auf dem anderen. Er zeigt: Was der Mensch tut, tut er aus egoistischem Interesse. So etwas wie Altruismus gibt es für ihn nicht.

Hans wurde leider nicht 132 Jahre alt, wie ich gehofft hatte. Er selbst hatte sich anhand seines Horoskops einen gewaltsamen Tod prophezeit. Wie ich später erfuhr, starb er mit 82 Jahren bei einem Verkehrsunfall.

Der Ruf des Vaterlandes

1960

Militärdienst ist eine schöne Sache, vorausgesetzt, es ist kein Krieg. Wandern, Klettern, Schießen – alles sportliche Betätigungen in frischer Luft. Das etwas störrische Bergvolk, dem ich entstamme und dessen Devise im Allgemeinen lautet: »Hier bin ich Mensch, hier sag ich nein«, nimmt die Armee ernst. Der Militärdienst ist für die meisten Schweizer ein Dauerthema. Das hängt auch damit zusammen, dass sie nach der Rekrutenschule bis zu ihrem vierzigsten Lebensjahr alle zwei Jahre in den »Wiederholungskurs« gehen und dort die alten Waffenbrüder – von Kurs zu Kurs um einige Kilo schwerer – wiedertreffen. Wichtiger scheint mir jedoch die Gleichbehandlung aller Rekruten, wodurch die sozialen Unterschiede eingeebnet werden. Weder Bekleidung noch Vehikel oder Titel vor dem Namen verraten etwas über die jeweilige Stellung. Diese Gleichbehandlung wirkt auch dadurch entlastend, dass man seiner bürgerlichen Rolle enthoben ist. Ein Schlüsselerlebnis bedeutete für mich die Situation beim Einrücken. Der desolate Haufen, der sich morgens im Kasernenhof einfand, war abends in eine strukturierte und homogene Gruppe verwandelt. Uniformiert und äußerlich angeglichen traten natürliche Unterschiede zutage: Größe und Statur, Kopfform und Gesichtsausdruck, Bewegungsabläufe und Stimmlage.

Vor allem aber war es die konsequente Ordnung, die mir imponierte. Es gab einen »Tagesbefehl«. Der besagte, was ge-

Vater und Sohn beim Militärdienst – auf den Krieg vorbereiten,
der schon vorüber ist

macht werden sollte; frei von jeglichem Leerlauf. Und es
wurde gemacht, was zu machen war. Ich wurde den Motor-
fahrern zugeteilt und erhielt einen Jeep, Jahrgang 1948. Das
seltsame Fahrzeug musste damals noch mit Zwischenkuppeln
und Zwischengas geschaltet werden, war jedoch in einem erstaunlich guten Zustand. Der Grund dafür ist einfach und
überzeugend zugleich: Nach jedem Einsatz wurde das Fahrzeug gründlich gewartet. Dabei überstieg der Zeitaufwand für
Wartung und Pflege jenen der Einsätze bei Weitem. Meine
»Einsätze« bestanden vor allem im Herumkutschieren von
Offizieren oder im Transport von Material. Bis die Offiziere
ihre Lagebesprechungen beendet hatten, konnte ich etwas lesen oder mich einfach an der Landschaft erfreuen.

Der Zwang zur permanenten Einsatzbereitschaft der Armee führt zu einem enormen Pflegeaufwand. Auch wenn kein wirklicher Einsatz bevorsteht, werden Fahrzeuge oder Waffen, Spaten und andere Werkzeuge ständig geputzt, sie nutzen sich dabei eher durch die Pflege als durch deren Einsatz ab. Der Spaten in meinem Jeep musste jeden Freitag gereinigt werden, ob er benutzt wurde oder nicht. Die jedes Mal verwendeten Scheuermittel verliehen dem alten Eisen über die Jahre hinweg einen fast spiegelnden Glanz, den ein Spaten, der häufig im Einsatz ist, nie erlangt, weil er Kratzer und Furchen aufweist.

Nach siebzehn Wochen war der Staatsurlaub dann zu Ende. Und ich konnte meine Fahndung nach Informationen andernorts weiter fortsetzen.

Weiße Flecken
1961

Ob es wohl irgendwo Anleitungen oder Untersuchungen für das Training mit Gewichten gibt, fragte ich mich und fragte ich vielerorts. Beispielsweise in Magglingen, der Eidgenössischen Sportschule. Da müsste man das doch eigentlich wissen. Schließlich bilden sie dort Sport- und Turnlehrer aus. Aber Fehlanzeige, immerhin gaben sie mir eine Empfehlung

Gewichtheber – keine Muskelbubis wie in Amerika

mit auf den Weg: »Schauen Sie doch mal bei den Gewichthebern rein.«

Der Stemmerverein »Adler« gehörte zum langjährigen Vereinsbestand der Stadt Zürich. Man war dort stolz auf die Tradition. Dienstags und donnerstags stand die Turnhalle im Arbeiterquartier den Stemmern zur Verfügung. Reißen, Stoßen, Drücken – die drei Disziplinen des Gewichthebens wurden hier trainiert. Anfänger durften zunächst nur die Stange ohne zusätzliche Gewichte benutzen. »Wir sind Gewichtheber, keine von diesen Muskelbubis, wie die in Amerika. Aber frag mal den Werni in Basel. Der kennt den Bob Hoffmann in Amerika. Und der Hoffmann ist ja so ein Muskelfritze. Ja, ja, die Amerikaner.« Amerika war weit weg, sehr weit, zu weit für mich. Aber der »Werni«, der wohnte in Basel und war Nationaltrainer der Schweizer Gewichtheber.

Die Mission beginnt beim Tee
1961

Werner Hersberger lebte mit seiner Frau in einer bescheidenen Drei-Zimmer-Wohnung, etwas außerhalb des Stadtzentrums von Basel. Hersberger war Chef der Schadenabteilung einer großen Versicherungsgesellschaft. Ich traf auf einen Mann, wohl etwas über 50 Jahre alt, nicht groß, aber breitschultrig und – was mir auffiel – mit einem federnden, leichtfüßigen Gang. Wenn er beschleunigte, schien er abzuheben. »Wie mein Motorrad«, dachte ich unvermittelt. »Da sind Sie ja – ich bin der Werni.« – »Ich auch«, blieb mir nur übrig zu sagen. Im Wohnzimmer wartete Wernis Frau mit Tee und »Basler Läckerli«, ein schmackhaftes Gebäck, das der Stadt bestimmt mehr Ruhm eingetragen hat als alle ihre Kunstgalerien, auf die ihre Bürger so stolz sind.

Ich erzählte meine Geschichte und erläuterte meine Absichten: Ich wolle die Welt kräftigen, weil ich glaubte, dass damit eine Menge Probleme gelöst werden könnten, unter denen die Leute litten. Hersberger hörte aufmerksam zu. Als ich am Ende angelangt war, lehnte er sich zurück und – schwieg. Nach einer Weile – Frau Hersberger schenkte inzwischen Tee nach – begann er. »Die Gewichtheber wären geradezu prädestiniert, um ganz bestimmte Muskeln zu trainieren. Aber die verstehen nicht richtig, worum es eigentlich geht. Es ist gut, dass du gekommen bist. Du bist noch jung, hast noch Zeit, etwas zu bewegen. Das Training der Kraft kann ein großer Segen werden, wenn es richtig gemacht wird. Aber genau das ist

67

der Punkt. Viele glauben, Kraft sei ein ausreichender Ersatz für Intelligenz. Ein Segen«, wiederholte er, »weit über das hinaus, was wir heute als Sport bezeichnen.« Werni kam ins Erzählen: etwa von seinen Versuchen, den Trainern der unterschiedlichsten Sportarten etwas beizubringen. »Die Kunstturner kamen zu mir. Die waren mal Weltklasse, die Schweizer Turner, du weißt, damals als Stalder Weltmeister war. Aber das ist schon lange her. Die Russen – so erzählte mir mein Kollege, der Nationaltrainer der Kunstturner – die Russen könnten sich sechs Sekunden locker im Kreuzhang halten. Die Schweizer aber, ja, die plumpsen schon nach zwei Sekunden runter, obwohl sie den Kreuzhang bis zum Gehtnichtmehr üben. Ob das was mit der Kraft zu tun habe?, fragte mich der Trainer unserer Turnerelite. Womit denn sonst, hab ich ihm geantwortet. Übt weiter, bis ihr pensioniert seid, mehr werdet ihr trotzdem nicht schaffen. Dabei ist die Sache völlig logisch und einfach: Sie sollen erstens analysieren, welche Muskeln versagen. Zweitens sollen sie einen einzelnen Muskel isoliert trainieren, mit direktem Widerstand, so lange, bis dieser nicht mehr das schwache Glied in der Muskelkette ist. Dann wird erneut analysiert, weil das Problem jetzt bei einem anderen Muskel liegt. Und so weiter.« Nach einer Pause fuhr er fort: »Der Trainer hat es zwar nicht ganz begriffen, aber wir haben es halt mal so angefangen. Nach kurzer Zeit konnten sich die meisten Athleten schon vier Sekunden halten. Dann wurde der Trainer wegen Verbandsquerelen ausgetauscht. Ein Neuer kam. Und der musste natürlich alles abschaffen, was sein Vorgänger eingeführt hatte. So geht das mitunter zu beim Sport, nicht nur bei den Gewichthebern.«

Hersberger schenkte sich vorsichtig eine neue Tasse Tee ein. Dann lehnte er sich wieder zurück und zeigte auf seinen Schreibtisch. »Ich hab dir da einige amerikanische Zeitschrif-

Titelseite von »Strength and Health«

ten herausgesucht. STRENGHT & HEALTH von Bob Hoffmann. Nimm sie mit und schau dir die Geräte da drin in Ruhe
an. Die Amis sind fortschrittlicher als die Schweizer. Die sind
uns um Lichtjahre voraus. Ich blickte ehrfürchtig zu dem Stapel Zeitschriften hinüber. »Verstehst du überhaupt Englisch?«, fragte er. »Na ja«, antwortete ich etwas zögerlich, »ein
bisschen schon; aber es gibt ja auch noch Wörterbücher.«

»Schau«, Hersberger zögerte einen Moment, »ich hab's
versucht. Jahrelang. Über den Verband etwas zu verändern,
funktioniert nicht. Da läuft gar nichts. Funktionäre bleiben
Funktionäre. Die sind wie zubetoniert. Nur nichts ändern, das
ist ihre Devise. Sie lieben den Status quo. Wenn du mit einer
Idee kommst, kriegen sie Panik. Je besser die Idee, umso größer die Panik. Wenn du das Krafttraining verbreiten willst,

musst du das anders anstellen. Über die offizielle Schiene läuft gar nichts. Da wirst du ausgebremst, bevor du den Mund aufgemacht hast.« Ich hörte Resignation in Hersbergers Stimme. »Wie denn sonst?«, fragte ich. »Allein?« Hersberger schüttelte den Kopf. »Nein, natürlich nicht. Such dir Kampfgefährten. Aber gib selbst die Richtung vor und lass dich nicht und nie davon abbringen, wenn du etwas als richtig erkannt hast.« Er lachte und schob seine Teetasse ein Stückchen nach vorne: »Weiche nur der Gewalt!«

Mittlerweile war es schon spät geworden und ich musste unbedingt den letzten Zug von Basel nach Zürich erreichen. Also packte ich die Zeitschriften in meinen Sportsack, das damals wohl am meisten verbreitete Behältnis in der Schweiz: eine Art derber Turnbeutel aus Segeltuch mit Lederboden. »Ach ja«, meinte Hersberger, während er mich ins Treppenhaus begleitete. »Ich bin nächsten Samstag in Zug, bei den Ruderern. Hab da ein Seminar. Wenn du Lust hast, kannst du gerne hinkommen.«

Natürlich habe ich das Seminar besucht. Hersbergers Botschaft war klar und logisch. Vielleicht sogar zu einfach für die meisten Teilnehmer. Vielleicht haben es die Leute lieber etwas schwieriger, etwas verklausuliert, etwas verdunkelt. Jedenfalls deuteten viele Fragen aus dem Publikum in diese Richtung, denn die meisten Fragen waren im Grunde genommen schon beantwortet durch Hersbergers Thesen.

Die Kraftszene — Lehr- und Wanderjahre
1961—1965

Alles, was auch nur entfernt mit dem Thema »Kraft« zu tun hatte, war für mich interessant. Ich besuchte die Vorträge von Johannes Heinrich Schultz, dem Erfinder des Autogenen Trainings. Und fast ein ganzes Jahr beschäftigte mich das damals für den Westen noch relativ unbekannte Yoga. Mich interessierten besonders die Kräftigungsübungen des Hatha-Yoga, die mein Yogalehrer, Selvarajan Yesudian, lehrte. Diese wurden sehr langsam, konzentriert und unter hoher Muskelspannung ausgeführt und hatten Bezeichnungen wie »Schiff an Land ziehen« oder »Gewicht heben«. Alles ohne Geräte. Den Widerstand für die Muskeln liefern die Antagonisten, die »Gegenspieler«, die jeder Muskel hat. Doch kann man damit nicht feststellen, ob man wirklich stärker geworden ist, und wenn ja, um wie viel. Das war zwar alles höchst aufschlussreich, aber nicht das, was ich suchte. Denn ich war nicht auf spirituelle Erfahrungen aus wie die meisten anderen Schüler Yesudians. Und meine Bemühungen um rationale Erklärungen für spirituelle Erfahrungen waren bei ihnen weder gefragt noch beliebt. Offenkundig aber war, dass die im Rückenmark spürbare vorübergehende Entrücktheit des Bewusstseins nicht durch die »Vereinigung von Kundali mit Vischnu« ausgelöst wurde, sondern durch den durch die Hyperventilation herbeigeführten niedrigen Kohlendioxidgehalt des Blutes. Immerhin blieb mir eine Übung erhalten: »Sawa«, was im Sanskrit »Toter« bedeutet. Trotz dieser etwas morbide anmutenden Bezeichnung ist diese Übung empfehlenswert. Yesudian erläuterte sie folgendermaßen:

>*Wir liegen rücklings, beide Arme ausgestreckt an der Seite. Die Füße sind geschlossen, und ebenfalls ausgestreckt. Ohne Anstrengung verlangsamen wir das Atmen: Wir ruhen. Bei den Füßen beginnend, lockern wir alle Muskeln. Wir leben uns nach und nach in die einzelnen Muskeln unseres ganzen Körpers ein, in die Muskeln der Füße und Schienbeine, der Knie und Schenkel, in die Bauch- und Arm-, Schulter-, Hals- und Kopfmuskeln. Dann verlassen wir sie bewusst, und zwar so, dass nun alles vollkommen gelockert bleiben soll. Unser gesamter Körper ist so entspannt, dass wir ihn nicht fühlen. Wir ziehen das Bewusstsein ins Herz zurück und erleben nichts als tiefste Ruhe und den Frieden, der vollkommene Gesundheit gibt. Wir müssen wissen, dass die Entspannung der Muskeln für ihre Entwicklung ebenso wichtig ist wie ihre Betätigung.*<*

Yoga empfand ich mehr und mehr als etwas zu esoterisch. Ich suchte und entdeckte weitere Methoden, die sich mit dem richtigen Gebrauch des Körpers auseinandersetzten. Der israelische Physiologe Moshe Feldenkrais hatte ein Buch, »Der aufrechte Gang«, geschrieben, in dem er seine Lehre in fünf theoretischen Kapiteln und zwölf exemplarischen Lektionen aufzeigt. Feldenkrais hatte eine interessante Theorie. Er ging davon aus, dass körperliche Leiden bekanntlich auch psychische Ursachen haben können und deshalb auch mit psychischen Maßnahmen, etwa der Psychotherapie, kuriert werden können. Seine These zielte nun darauf, dass auch die Umkehrung funktioniere: Psychische Leiden mit körperlichen Maßnahmen zu behandeln. Bei meinen Forschungen stieß ich ebenfalls auf die »Alexander- Methode«, einen Vorläufer von Feldenkrais. Alexander war Schauspieler und erlebte das Versagen seiner Stimme beim Deklamieren. Da Ärzte ihm nicht helfen konnten, half er sich selbst. Er beobachtete sein körperliches Verhalten beim Deklamieren und stellte fest: »Immer wenn ich deklamiere, werfe ich den Kopf in den Nacken, ziehe damit die Kehle lang, nehme die Schultern zurück und strecke die Brust vor. Das werde ich ab jetzt unterlassen.« Durch die Kontrolle seiner Körperhaltung gewann er seine Stimme wieder. Sensibilisiert durch diese Erfahrung beobachtete er das unzweckmäßige körperliche Verhalten von Menschen und entwickelte seine Methode, die ihn um die Mitte des letzten Jahrhunderts weltberühmt gemacht hatte.

Alle diese Methoden zielen auf eine Senkung des Energieverbrauchs. Heute würde ich das Verhältnis dieser Systeme zum Kieser Training metaphorisch veranschaulichen: Mit Yoga, Alexander und Feldenkrais werden die »Betriebskosten« gesenkt, das heißt der Energieverbrauch. Das »Kapital«, die Kraft, wird nicht angezapft oder reduziert. Mit dem Kieser Training wird das Kraft-Kapital erhöht. Es handelt sich gewissermaßen um die beiden Endpunkte derselben Skala: hier vollständige Anspannung, da vollständige Entspannung. Doch, so glaubte ich zu erkennen, die Anspannung muss der Entspannung vorausgehen wie das Einatmen dem Ausatmen.

Einen bleibenden Eindruck hinterließ bei mir ebenfalls das Buch von Emil Coué (1857–1926) »Die Selbstbemeisterung durch bewusste Autosuggestion«. Coué war Apotheker und bemerkte, dass er die Wirkung seiner Medikamente verstärken konnte, wenn er den Kunden sagte: »Mit diesem Medikament werden Sie ganz schnell gesund.« Er entwickelte eine Methode der Autosuggestion, die um die Wende vom 19. zum 20. Jahrhundert eine ungeheure Verbreitung fand. Coué erkannte die Dominanz der Vorstellung über den Willen.

»Wir legen ein 10 Meter langes und 25 Zentimeter breites Brett auf den Boden. Selbstverständlich wird jedermann von einem Ende zum anderen gehen können, ohne daneben zu treten. Nun wollen wir uns den gleichen Versuch unter anderen Bedingungen angestellt denken: Dasselbe Brett verbinde als Steg die zwei Türme eines Domes. Keine zwei Schritte könnten Sie tun, ohne dass Sie ein Zittern befallen würde: Trotz der stärksten Anspannung der Willenskraft würden Sie unfehlbar abstürzen. […] Das Schwindelgefühl ist lediglich auf die Vorstellung zurückzuführen, dass wir fallen werden; diese Vorstellung wird sofort in Handlung umgesetzt, so sehr sich unser Wille dagegen stemmt, und diese Verwirklichung des Vorgestellten tritt umso schneller ein, je heftiger wir uns dagegen zur Wehr setzen.«*

Das Buch von Coué hatte unmittelbare Konsequenzen auf mein Planen und Handeln. Ich bin immer wieder erstaunt, wie sich so viele Wünsche von mir erfüllt haben, nicht etwa, weil ich fleißig darauf hingearbeitet hätte, nein, sondern weil ich mir die Erfüllung immer wieder lebhaft und ganz konkret vorgestellt habe.

Strongfortismus und Charles Atlas

1962

Im Heimwerkermagazin »HOBBY« stieß ich 1962 auf ein Inserat, das einen äußerst kräftigen Mann zeigte. »MACHEN SIE STRONGFORTISMUS!«, schrie die Schlagzeile. Angeboten wurde ein Fernkurs. Autor des Kurses war der auf dem Bild zu sehende kräftige Mann namens Lionel Strongfort. Nicht gerade geistreich, dachte ich, sich »Löwe StarkKraft« zu nennen. Aber dieser Mann hatte zweifellos mit Gewichten trainiert, so wie der aussah. Der Kurs kostete neunzig Franken. Ich bestellte ihn und wurde für die nächsten drei Monate Strongfortist. Das hieß konkret: morgens um 5 Uhr raus aus dem Bett, eine Stunde Waldlauf, dann Training mit STRONG-FORT-Hanteln. Meine körperliche Erscheinung veränderte sich zusehends. »Findest du das noch schön, wie du aussiehst?«, fragte mich meine Mutter besorgt, als ich mit nacktem Oberkörper draußen Holz hackte.« Was meinst du mit schön?«, fragte ich zurück. »Na, du siehst fast so aus wie der Herr Linder.« Der Herr Linder war der Knecht eines Bauern aus unserer Nachbarschaft und hatte einen Körper, der an die anatomischen Zeichnungen von Vesalius erinnerte: muskulös, aber ausgemergelt, jeder Muskelstrang sichtbar und durch tiefe Furchen vom anderen getrennt. Ob schön oder nicht schön – das kümmerte mich wenig. Was mich faszinierte, war zu erleben, wie sich die körperliche Verfassung durch gezielte Maßnahmen veränderte.

Vieles, was Strongfort in seinen Briefen vermittelte, wusste ich schon aus anderen Quellen. Und auch meine Englisch-kenntnisse machten Fortschritte, so dass ich mittlerweile wissenschaftliche Abhandlungen und Kraftsport-Zeitschriften studieren konnte. Da stieß ich auf eine besonders originelle Figur, Charles Atlas. Er hat sich – wie alle die »Starken Männer« von damals – vom kränklichen Schwächling zum »The World's Most Perfectly Developed Man« entwickelt, nach einem von ihm erfundenen System, das er »Dynamic Tension« nannte. Als Vorzug seines Systems proklamierte er, dass es keine Geräte benötigte. »Don't fool around with gadgets or Apparatus!« Der Widerstand wurde durch den Körper selbst geliefert. Atlas vertrieb seinen Kurs in Korrespondenzform. Der Kursteilnehmer hatte in der Tat den Eindruck, es handle sich um einen persönlichen Brief. Tatsächlich verkaufte Atlas

Lionel Strongfort: um 5 Uhr raus aus dem Bett

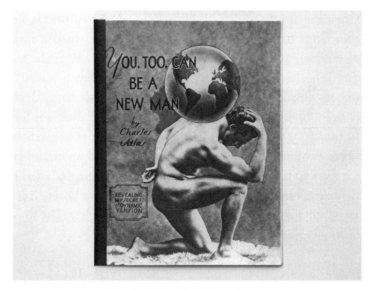

Charles Atlas: Kraft ohne Geräte

zig Millionen von seinen Kursen. Seine Behauptung, seinen
Körper ausschließlich ohne Geräte aufgebaut zu haben, kam
ihn allerdings schließlich teuer zu stehen. Die Mitbewerber,
die Geräte verkauften, gingen vor Gericht. Auf die Frage, ob
er tatsächlich keine Gewichte verwende, antwortete Atlas:
»Nein, nur wenn ich meine Kraft teste.« Der Richter fragte,
wie oft und wie lange er jeweils seine Kraft teste. »Dreimal
pro Woche, etwa zwei Stunden«, antwortete Atlas.

Heute lächelt man vielleicht über solche Geschichten aus
der Vorzeit des Krafttrainings und die in ihnen manifestierte
»Unwissenschaftlichkeit«. Ich konnte jedoch auch lernen,
dass Ignoranz und Arroganz keineswegs verschwinden, wenn
sich Wissenschaftler mit einem Thema auseinanderzusetzen
beginnen. Die erste empirische Studie, die zum Thema der
richtigen Dosis beim Krafttraining erschien, ist bei näherem

Hinsehen aufgrund ihrer Inkonsistenz unbrauchbar. Da sie aber lange die einzige zu diesem Thema war, wurden ihre »Resultate« ungeprüft übernommen und weitergegeben. Arthur Jones, der »Erfinder« der Nautilus-Maschinen, hatte in seinem Büro Bewerbungsschreiben von Wissenschaftlern hängen, deren Botschaft lautete: »Ich beweise alles, was Sie wünschen!« Wie überall gilt eben auch in der Wissenschaft »Wes Brot ich ess, des Lied ich sing«. Wo und wann immer ich Einwänden gegen meine Theorien begegnete, lud ich die Leute ein, uns darüber auszutauschen, worauf wir unsere Aussagen stützten, und deren Prämissen zu vergleichen. Die Einladungen wurden nie angenommen.

Wissenschaft und Kraft
1963

Das erste wissenschaftliche Werk zum Thema Kraft fiel mir 1958 in die Hände: »Training, Leistung, Gesundheit. Vorträge und Referate anlässlich des Sportärztekongresses in Berlin 1952«. Darin wurde die für mich zukunftsweisende Aussage von Professor Dr. med. Walter Thörner zitiert:

> *»Welche physiologischen Vorgänge kennen wir, die uns die bekannte Muskelverstärkung als Folge des Krafttrainings verständlich machen? Da ist festzustellen, dass nicht die Bewegung als solche maßgebend ist, sondern vielmehr die Spannung, der Widerstand gegen erzwungene Dehnung, der aufzubringen ist bei größerer Gewichtsbelastung. Schließlich können wir den Dickenwuchs und Kraftgewinn aus dem Stoffwechsel verstehen im Sinne eines überschießenden Aufbaues, wie wir ihn z. B. beim Ersatz von Blutverlusten oder der Heilung von Knochenbrüchen kennen.«*

Mit dieser Abhandlung war eine Grundlage geschaffen, von der aus ich weitere Schriften zu »meinem« Thema suchte und fand. Meine Bibliothek wuchs.

Ich fahndete in der Zentralbibliothek der Stadt und in der Bibliothek der Universitätsklinik nach Büchern zum Thema Kraft. Dazu gab es tatsächlich einige, wenn auch wenige klinische Studien. So stieß ich auf die Forschungsarbeiten von Theodor Hettinger, Thomas L. DeLorme und Arthur L.

Zukunftweisendes Wissen – wenige klinische Studien

Watkins. Alle drei waren offensichtlich vom Thema »Muskel-Kraft« ebenfalls fasziniert. Ich beschaffte mir Bücher über funktionelle Anatomie und schnippelte Zeitschriftenartikel aus. Wozu das alles?, fragte ich mich manchmal, wenn ich Versuche unternahm, die ganze Textmasse zu ordnen. Doch ich sammelte weiter, las Fachzeitschriften, obwohl ich die manchmal nicht verstand, klebte Zeitungsausschnitte auf Karteikarten und lebte in einer Welt, von der ich wusste, dass ich in ihr nicht allein war, auch wenn ich andere noch nicht sehen konnte.

Mittlerweile war ich 21 Jahre alt. Was soll bloß aus mir werden? Seltsamerweise interessierte mich das nicht sonderlich, umso mehr jedoch meine Eltern und meine ehemaligen Lehrer. Von denen hatten besonders zwei für mich Bedeutung. An erster Stelle Gotthilf Hunziker, Lehrer von der fünften bis zur achten Klasse in der Dorfschule, der Hausaufgaben für überflüssig hielt, was ihm von Anfang an ungeheure Sympathien einbrachte. Er spielte außerdem Klavier, sang Blues dazu und imitierte Persönlichkeiten aus dem Dorf – Schulpfleger, Gemeinderäte und Pfarrer. Und das alles derart mitreißend, dass die ganze Klasse vor Vergnügen brüllte. Ich verdanke ihm viel, unter anderem, dass ich diesen Text einigermaßen eingängig abfassen kann. Außerdem besaß Gotthilf Hunziker eine starke literarische Neigung. Aufsätze wurden ausführlich, oft über mehrere Stunden, diskutiert. »Du hast Talent zum Schreiben«, meinte er einmal, als er mir einen korrigierten Aufsatz zurückgab. »Mach weiter so. Du weißt ja: Wer schreibt, der bleibt.« Und das bestätigte sich Jahre später in seinem eigenen Fall: Hunziker, der homosexuell war, verlor wegen einer Beziehung mit einem Schüler seine Stelle. Nach seiner Entlassung aus dem Schuldienst verdingte er sich als Journalist beim »Badener Tagblatt«, einer verbreiteten Tageszeitung. Er schrieb hauptsächlich Filmkritiken. Berühmt wurde er jedoch durch seine Wetterprognosen in Versform. Gotthilf Hunziker wurde Anfang Mai 2002 von einem Polizeiauto überfahren, seine Texte aber haben ihn überlebt.

Der zweite Lehrer, der mich faszinierte, war Bruno Wipf. Er vermittelte Physik und Chemie so anschaulich, lehrreich und spannend, dass es weder meinem Schulfreund Peter Schweri noch mir eingefallen wäre, eine seiner Stunden zu schwänzen; und das bedeutete damals viel. Nachdem Peter und ich die Schulzeit hinter uns hatten, trafen wir uns noch oft mit Bruno im »Central«, nunmehr unter anderen Vorzeichen. Solche Lehrer – vom Schulsystem weder beabsichtigt noch vorgesehen – sind für Schüler Glücksfälle.

Peter Gottlob
1963

In Berlin sei ein Kraftstudio eröffnet worden, hieß es. Poldi Merc, so der Name des Besitzers, hätte so etwas in einer Kaserne bei den Amis kennengelernt. Poldi Merc betrieb Bodybuilding, eine neue Sportart, die von den Amerikanern nach Europa gebracht wurde. In Stuttgart sei ein zweites Studio aufgemacht worden, Peter Gottlob, so heiße der Inhaber, sei ebenfalls ein Bodybuilder. Für mich verhießen diese Nachrichten den Anbruch einer neuen Ära. So reiste ich zunächst nach Berlin. Doch leider war Poldi Merc nicht anwesend. Aber sein Studio war beeindruckend, nicht zuletzt, weil es das erste war, das ich überhaupt sah. Ich bewunderte Tonnen von Hanteln und andere – zum Teil selbst gefertigte – Gerätschaften. Dann reiste ich nach Stuttgart, denn es war mir wichtig, mit dem Inhaber eines Studios zu sprechen.

Peter Gottlob war eine imposante Erscheinung. »Mr. Germany« öffnete sein Studio um 14 Uhr. Als ich ankam, trainierten schon einige andere Sportler. »Sie kennen sich aus?«, fragte Gottlob freundlich, als ich für ein Einzeltraining bezahlte. »Ja, etwas schon. Aber ich würde Sie nach dem Training gerne einiges fragen.« Peter Gottlob willigte ein. Sein Studio war für mich eine Offenbarung. Genauso, dachte ich, so muss es aussehen. Die meisten Geräte waren Einzelanfertigungen. Es gab ja noch keine Fitnessindustrie. Auch das Wort »Fitness« war im deutschen Vokabular noch nicht gebräuchlich. Gottlobs Gerätschaften waren mit Liebe zum Detail gefertigt und in tadellosem Zustand. Nach meinem Training konnten wir tatsächlich einige Minuten miteinander sprechen. Ich fragte ihn nach dem Geschäftsgang. »Ein hartes Brot«, meinte er. »Aber so nach und nach kommen die Leute auf den Geschmack.« Auf der Rückreise hatte ich eine ungefähre Vorstellung davon, wie meine Zukunft aussehen könnte.

Erstmals in der Presse

1966

Ich hatte viele Nächte gearbeitet. Meine Geräte – einige Tonnen Hanteln, Bänke und einfache Zugapparate – hatte ich hierhergekarrt. Jetzt musste alles ausgeladen und aufgestellt werden. Nun stand ich da. Mitten in meinem Raum. Der war groß und leer. Draußen stand der Lieferwagen, den ich mir ausgeliehen hatte, randvoll mit meinen Utensilien, die demnächst hier stehen würden. Ich ließ meinen Blick noch einmal durch den leeren Raum schweifen. Mein Gehilfe Hugo war eingetroffen, und wir begannen die Einrichtung Stück für Stück heraufzutragen und nach meinem Plan zu platzieren. Drei Stunden später war es geschafft. Die Abendsonne lachte durchs Fenster. Ich genoss den Augenblick der Vollendung eines langen Vorhabens. Wie ein Stapellauf, dachte ich. Das Schiff war im Wasser und – ja, was nun? Es dümpelt dahin. Ich muss es irgendwie in Bewegung setzen. Aber wie?

Meine erste Frau Gerda Fellay hatte mich verlassen, wofür ich volles Verständnis hatte. Meine Abneigung gegenüber einem normalen und gesicherten Lebensweg und mein aufreibendes Engagement für ein zweifelhaft erscheinendes Projekt boten keine solide Basis für lange währendes Eheglück. Glücklicherweise lag neben dem Trainingsraum noch eine Wohnung. Dort zog ich also mit Sack und Pack ein, direkt neben mein Studio. Durch diese neue »Zweisamkeit« war mir die »Sache« stets gegenwärtig. Manchmal trieb es mich sogar nachts hinüber. Dann saß ich oft stundenlang auf einer der

Trainingsbänke und träumte davon, wie es einmal aussehen sollte. Nachdem ich mir gehörig eingeredet hatte, dass es wirklich einmal so sein würde, kehrte ich zurück, legte mich in mein Bett und schlief.

Von den paar Freunden und Sportkollegen, die zum Training kamen, konnte ich auf Dauer nicht leben. Die Miete musste bezahlt werden, und Strom, Wasser und Heizung kosteten auch Geld. Apropos Heizung. Die gab es gar nicht. Aber es war ja Sommer und der Winter noch fern. Ein Gefühl wie beim Zwischenhalt auf einer Bergwanderung machte sich in mir breit: Bis hierhin hast du es geschafft. Aber die eigentliche Arbeit beginnt erst jetzt. Schweißen und Bohren war ein

Neue Zürcher Zeitung

Donnerstag, 3. Februar 1966

Abendausgabe Blatt 4 Nr. 467

Ein Zentrum für Krafttraining in Zürich

esp. An der Nordstraße in Zürich hat *Werner Kieser* ein Zentrum für Kraft- und Gesundheitstraining eröffnet. Die Uebungsstätte bietet dem Leistungssportler die Möglichkeit zu einem fachgerechten Training, steht daneben aber jedem offen, der sich ohne Vereinsbindung körperlich betätigen will. In freiem Trainingsbetrieb werden neue Teilnehmer durch Instruktoren mit den einzelnen Trainingsgeräten und den praktischen und theoretischen Grundlagen vertraut gemacht. Das Krafttraining ist auf dem *Stoßen, Drücken und Heben von Gewichten* aufgebaut. Jede Uebung wird in einer speziellen Körperstellung — im Stand, in der Hocke, in Bauch- oder Rückenlage — durchgeführt. Durch Gewichtsarbeit mit den Armen oder Beinen werden je nach Körperstellung einzelne Muskeln oder ganze Muskelgruppen beansprucht und gestärkt. Das Training wird dem Alter und der Konstitution des Trainierenden angepaßt. Man strebt nicht überdimensionierte Muskeln, sondern die Steigerung der physischen Leistungs- und Widerstandskraft an. Für 440 Franken im Jahr (Instruktion inbegriffen) kann die Anlage unbeschränkt benützt werden, vorläufig allerdings nur abends; bei genügender Frequenz soll die Uebungsstätte später auch während des Tages geöffnet sein.

Erster Pressebericht

Gästebücher – das Geschäft hält sich in Grenzen

Kinderspiel gegen das, was dir nun bevorsteht. Jetzt musst du den Laden erstmal in Gang bringen. Aber wie? Wie stellen das die großen Unternehmen an? Die veranstalten eine Eröffnungsfeier und laden Journalisten dazu ein. Ich schrieb also an die Redaktionen der lokalen Zeitungen und lud sie zur »Eröffnung des Zentrums für Krafttraining« ein. Ein Reporter kam. Und der schrieb auch. Es war ein Erfolgserlebnis: Am nächsten Tag stand ein zwar kurzer, aber nicht zu übersehender Bericht über meine Eröffnung in der »Neuen Zürcher Zeitung«.

Der Artikel zeigte Wirkung. Denn vor allem Sportler kamen. Der Geheimtipp Krafttraining als Mittel zur Verbesserung sportlicher Resultate hatte sich seit der Olympiade 1956 an der Basis herumgesprochen. Denn damals hatten die Australier fast alle Medaillen im Schwimmen gewonnen, obwohl sie alles andere als überdurchschnittlich gute Schwimmer gewesen waren. Nur dank ihrer Kraft waren sie den anderen Nationen um Längen voraus. Ihr Krafttraining widersprach der damals herrschenden Trainingslehre, die das Heil in der Förderung und Verfeinerung der Bewegungskoordination, nicht aber in der Entwicklung von Muskelkraft suchte. Durch diese Erfolge animiert, begannen viele Sportler, die im Gegensatz zu ihren Trainern keine starren Positionen zu verteidigen hatten, mit Kräftigungsübungen zu experimentieren.

Reduktionistische Verkaufsschulung
1966

Wir bildeten einen eingeschworenen Kreis von »Pionieren« – als solche verstanden wir uns jedenfalls, andere sahen uns eher als »Verrückte«. Mit den Einnahmen konnte ich gerade mal die Miete bezahlen, so dass ich mich nach einem Nebenverdienst umschaute. In der Tageszeitung suchte das alteingesessene Waffengeschäft Glaser AG in Zürich einen Verkäufer für eine Halbtagsstelle. Ich stellte mich vor.

»Von Waffen verstehe ich nur so viel, wie ich im Militärdienst gelernt habe«, räumte ich sofort ein, als mir der Ladenbesitzer, Herr Glaser, seine Räumlichkeiten vom Büro bis zum mit Sandsäcken gepolsterten Schießkeller zeigte. »Als Verkäufer müssen Sie nichts wissen, sondern nur gut zuhören. Wenn Sie zuhören und hin und wieder zustimmend nicken, gelten Sie in den Augen der Kunden als Fachmann.« Allein schon die Sicherheit, mit der er das behauptete, machte mir Mut. »Aber ich möchte doch auch etwas lernen. Haben Sie Bücher zum Thema Waffen?« Glaser schaute mich etwas ratlos an. »Bücher? Da gibt es zwar Tausende. Aber die brauchen Sie nicht. Hören Sie einfach den Leuten zu. Die hier hereinkommen, verstehen unendlich viel mehr, als Sie je zu lernen vermögen. Die Jäger werden Ihnen sagen, welche Flinte sie bevorzugen und warum. Wenn Sie dann bestätigen, dass Sie das auch so sehen, sind Sie kompetent. Die Waffensammler kennen die Jahrgänge ihrer Marken auswendig. Bei den Western-Freaks ist es die Smith and Wesson, der Colt oder die

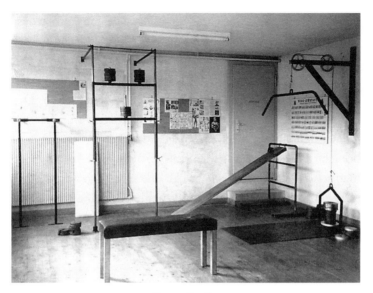

Erstes Studio

Winchester, bei den Militärfanatikern sind es SIG, Parabel-
lum, Mauser, Beretta und einige andere. Da blicken Sie nie
durch. Den Sammlern bestätigen Sie einfach, wie wunder-
schön die Waffe ist, die sie kaufen möchten. Dann ist die
schon so gut wie verkauft.«

Derart »eingearbeitet« stand ich allein an der Verkaufs-
theke, als der erste Kunde eintrat. Ein freundlich blickender
Mann in Jeans und einem bunten Hemd. Die Kollegen Verkäufer waren gerade im Keller mit dem Einschießen eines
neuen Modells beschäftigt. »Haben Sie Maschinenpistolen?«
– »An welches Modell haben Sie denn gedacht?«, fragte ich
und überlegte gleichzeitig: Das ist sicher kein Jäger und noch
viel weniger ein Sammler. »Eine Kalaschnikow, aber es geht
auch mit einer anderen«, meinte der Kunde lächelnd. *Was
geht mit einer anderen?*, wollte ich fragen, traute mich aber

nicht. »Die Automatik ist aber zugeschweißt. Sie können deshalb nur einzelne Schüsse abgeben. Die Automaten sind für Sammler bestimmt«, warf ich in einer Anwandlung von Skrupel ein. Schließlich wollte ich am Ende nicht als Mitverantwortlicher eines Amoklaufs vor Gericht stehen. Der freundliche Herr schaute mich etwas belustigt an. »Ich will niemanden umlegen. Ich mache gerade einen Werbefilm und brauche eine echte Maschinenpistole, nicht eine Attrappe, die man schon von Weitem als solche erkennt.« Ich war erleichtert. »Und für diesen einen Film wollen Sie eine Kalaschnikow kaufen?« »Wenn Sie mir eine ausleihen, genügt mir das auch«, sagte er und schaute mich fragend an. »Da müsste ich Herrn Glaser, meinen Chef, fragen, aber der ist gerade außer Haus.« Der Mann hatte es eilig. »Ich brauche das Ding heute, jetzt. Schließlich bezahlt mein Auftraggeber. Also, was bin ich Ihnen schuldig?« Der Mann verließ zufrieden den Laden. Verkaufen ist einfach, fand ich.

Seltsame Kundschaft
1967

Meine abendlichen Gäste – damals trainierte man fast täglich – bildeten eine seltsame und völlig uneinheitliche Gesellschaft von braven Bürgern, die durch den Besuch meines Studios versuchten, ihrem biederen Alltag wenigstens für einige Stunden zu entrinnen, aber auch von Halbweltfiguren, Intellektuellen und Exzentrikern.

Jan beispielsweise, ein kräftiger Metzger, pflegte vor dem Training auf dem Vordach einige Minuten Seil zu springen – in Badehose, und auch im Februar bei minus 15 Grad. Da mein Studio sich in einem Innenhof von Wohnhäusern befand, bot Jans virtuose Seilspringerei den Anwohnern offenbar eine willkommene Alternative zum täglichen Fernsehprogramm. Sobald er auf dem Vordach erschien, tauchten auch die ersten Gesichter in den Fenstern der umliegenden Wohnungen auf. Noch verschrobener war Thomas, der durch eine Kinderlähmung leicht behindert war. Irgendwo hatte er gelesen, dass ein zeitweises Auf-allen-vieren-Gehen gesund sei. So rannte er, um sich aufzuwärmen, auf allen vieren auf dem Vordach herum. In dieser Disziplin brachte er es zu derart erstaunlichen Fertigkeiten, dass Darwin darin sicher eine manifeste Form genetischer Regression entdeckt hätte. Ich betrieb jedenfalls eine Art Spontanforschung, indem ich alles Mögliche und Unmögliche versuchte, um das Training noch effektiver zu gestalten.

Doch allmählich gelangte ich zur Überzeugung, dass ich

Instruktion: Aura von Achtung

dieses illustre Treiben irgendwie unter Kontrolle bekommen musste, denn sonst würde es zu nichts weiter als zu einer Art Menschenzoo reichen. Also begann ich Trainingsprogramme zu erstellen; nach bestem Wissen und Gewissen, wobei das eine wie das andere nicht allzu gefestigt war. Meine »Datenbasis« war noch zu schmal und meine Möglichkeiten, Verantwortung zu übernehmen, hielten sich meinem materiellen Vermögen entsprechend in engen Grenzen. Nachdem die »Trainingslehre« einmal schriftlich aufgezeichnet war, wollte ich auch einen gemeinsamen Nenner für den Umgang mit den Gästen finden. Für eine äußerst heterogene Kundschaft waren Umgangsformen zu finden, in der sogar die Wortwahl definiert werden sollte. Ein schier unmögliches Unterfangen, so schien es mir jedenfalls anfänglich.

Den Menschen nahe sein, ohne ihnen zu nahezutreten, das schien mir die wichtigste Prämisse für den Umgang mit meinen Gästen. Die Regeln, die ich davon ableitete, lauteten und lauten noch heute: Erstens wird jeder mit »Sie« angesprochen, ausgenommen natürlich persönliche Bekannte. Doktoren und Professoren werden mit ihrem Titel angeredet, schließlich mussten sie dafür schuften. Zweitens werden keine Privilegien, welcher Art auch immer, vergeben. Höflichkeit ja, Kumpanei nein. Drittens sollten keine anderen Gespräche geführt werden als die für das Training gerade notwendigen; denn nichts stört die Konzentration für das Training mehr als das Geschwätz, das eigene und das anderer rundherum. Diese Maßnahmen haben offenbar Wirkung gezeitigt, wie mir später einmal ein langjähriger Kunde bestätigte: »Trotz der archaischen Einrichtung und der seltsamen Typen, die bei Ihnen trainierten, hatte alles eine Aura von Achtung und, ja, Vornehmheit.«

Werbekampagne
(fast) zum Nulltarif
1967

Auf Dauer geht dieses Doppelleben nicht gut. Doch mein Geschäft, so fand ich damals, war zu klein, um davon zu leben, aber schon zu groß, um es aufzugeben. Was also tun? Ich konnte ja nicht noch einmal die Presse zu einer Eröffnungsfeier einladen. Mir war aber auch bewusst, dass ich unbedingt werben musste. Ich dachte also nach, wie man ohne Geld Werbung macht.

Da traf ich in der Stadt meinen Schulfreund Peter Schweri. Und Peter hatte eine Freundin, deren Eltern eine Druckerei betrieben und gerade in Urlaub waren. Eines Freitagnachts verabredeten wir uns und setzten den Bleisatz für ein Plakat. Morgens um vier Uhr lagen vierhundert Plakate im A2 Format bereit. Unverzüglich gingen wir daran, Zürich an allen wichtigen Punkten mit unseren Plakaten zu schmücken. Bei der Auswahl waren wir nicht allzu zimperlich. Wir überklebten auch mal andere Plakate, deren Aussagen uns ein Dorn im Auge waren. Das folgende Wochenende war sonnig und die Stadt voller Menschen. So hingen die Plakate zwei Tage, bevor sie behördlich entfernt wurden.

Und tatsächlich kamen auch Leute in mein Studio – zuerst jene von der Gewerbeaufsicht. Ich zeigte gegenüber den Beamten Reue über meine leichtsinnige Aktion und versprach, fortan auf dem Pfade der (Werbe-)Tugend zu wandeln. Vierundvierzig Franken vierzig, inklusive Schreibgebühr, betrug die mir auferlegte Strafe. Es war und blieb die günstigste Werbekampagne meiner gesamten Unternehmensgeschichte.

Protein und Co.

1967

Im Treibsand der Fitnesswelle tauchten kuriose Dinge auf. Der Fitnessbegriff erweiterte sich von der wohl als etwas dürr empfundenen Definition »Kraft, Ausdauer, Beweglichkeit« über das Gebiet der Ernährung bis hin in die seltsamen Weiten der Esoterik. Überzeugend jedoch erschien mir die Idee von »Nahrungszusätzen«, wie etwa Eiweißpulver. Logisch, denn schließlich bestehen Muskeln aus Eiweiß. So jedenfalls war es in amerikanischen Kraftsportzeitschriften zu lesen. Aber es gab in Europa noch keine eigentliche Fitnessindustrie wie in Amerika. Ich beschloss, mein eigenes Eiweißprodukt herzustellen und zu vertreiben. Ich bestellte bei verschiedenen Herstellern die ersten Säcke mit Magermilchpulver, Sojamehl und Kakao für das Aroma; das war meine »Hausmischung«.

Muskeln aus der Dose

95

Mein Bruder Daniel – oft mit dem Spitznamen »Düsentrieb« versehen – zeigte sich als ein findiger Kopf. Als ich ihm meinen Plan eröffnete, bot er sich an, eine Mischmaschine für das Pulver zu bauen. Nach wenigen Tagen präsentierte er mir sein Werk: eine monströse Trommel aus Sperrholz, die mit einer Handkurbel anzutreiben war und eine erstaunlich hohe Drehgeschwindigkeit erreichte.

Mein Kunstmalerfreund Peter Schweri entwarf wunderbare Etiketten für die Büchsen, in die das Pulver gefüllt wurde. »K-Proteine – Bausteine für die Muskeln. Genießen Sie täglich zweimal zwei Esslöffel voll!«, stand darauf. Die Produktion konnte beginnen. Franco, ein kleiner, aber unglaublich kräftiger Italiener, betätigte die mit den Ingredienzen gefüllte Trommel derart kraftvoll, dass sie buchstäblich zu klingen begann. »Nun dreh mal etwas langsamer. Das Ding fliegt ja gleich auseinander, wenn du so weitermachst. Das ist doch kein Trainingsgerät!« Franco verzog zwar etwas enttäuscht seine Miene, drehte dann aber mit ostentativ gelangweiltem Gesichtsausdruck langsamer. Nach einer halben Stunde befanden wir, dass nun genug gedreht und das ganze Zeug wohl ausreichend durchgemischt sei. Wir füllten alles sorgfältig in die zweihundert bereitstehenden Büchsen ab und türmten diese an einer gut sichtbaren Stelle im Studio auf.

Die Büchsen waren im Nu verkauft. Nicht wenige Kunden lobten daraufhin die kräftigende Wirkung der Mischung. Doch dann nahm das Schicksal seinen Lauf in Form einer rostigen, fingerdicken Schraube, die mir ein »Protein-Kunde« demonstrativ unter die Nase hielt. »Erklären Sie mir bitte einmal, was diese Schraube in Ihrem Proteinpulver zu suchen hat.« Ich schluckte. »Das … – ich weiß nicht, wie die da hineingekommen ist.« Auch wenn ich mir derweil nur allzu gut zusammenreimen konnte, was da passiert war. Ich kannte die

Schraube. Sie gehörte zu jenen, die die Mischtrommel zusammenhielten. Ich entschuldigte mich für das »Unerklärliche« und schenkte dem Kunden gleich zwei Büchsen als Wiedergutmachung. Als am nächsten Tag ein weiterer Kunde mit einer Schraube in der Hand Aufklärung verlangte, reichte es mir. Franco hatte wohl zu stark an der Trommel gedreht. Ich warf meine restlichen Büchsen in den Müll und sann nach einer schraubenlosen Lösung. Diese kam in Gestalt von Guido Fuchs aus Luzern, einem der ersten »Mr. Schweiz«. Guido war nicht nur Bodybuilder, sondern auch von Beruf Müller. Er hatte eine richtige Mühle und vertrieb professionell sein »Fuchs Protein«. Ich wurde sein Kunde und meine Gäste erhielten dadurch ein ausgezeichnetes und geprüftes Ergänzungspräparat – ganz ohne Schrauben.

Gründung einer Aktiengesellschaft
1967

Doch das Geschäft warf noch immer zu wenig ab. Es war schlicht zu klein, um mein Überleben und das meiner Familie – meine getrennt lebende Frau Gerda und mein zweijähriger Sohn Ketill – zu sichern. Außerdem drohte der Abriss der Immobilie. Um jedoch das Handtuch zu werfen, war ich viel zu überzeugt von meiner Sache. Glücklicherweise machte mir einer meiner wohlhabenden Kunden damals das Angebot, sich an meinem Unternehmen zu beteiligen, und unterbreitete mir den Vorschlag, zusammen eine Aktiengesellschaft zu gründen. Er wollte sein Geld investieren, ich sollte meine Räumlichkeiten mitsamt der Ausrüstung und dem Kundenstamm einbringen. Er wäre mit 60 Prozent, ich mit 40 Prozent beteiligt. Aus meiner Sicht war das eine vielversprechende Lösung. Und so würde das ganze Unternehmen auf ein höheres wirtschaftliches Niveau gehoben. Das jedenfalls meinte der Notar, der unseren Vertrag aufsetzen sollte und der gleichzeitig der Anwalt meines neuen Partners war.

Aber zuerst musste das Kind einen zugkräftigen Namen haben. Einen großartigen Namen natürlich. Einen Fantasienamen, der zur Zeit der Mondlandungen irgendwie an den Weltraum erinnern sollte. Galaxy-Studio, Orion oder so ähnlich. Ich fragte also meinen ersten Kunden, der ein Jahresabo kaufte und mir demnach zutraute, dass ich mindestens ein Jahr durchhalten würde, ob er eine Idee für einen Namen hätte. »Wenn Sie wirklich hinter Ihrer Sache stehen, nehmen

Sie Ihren eigenen Namen. Wenn Sie nicht dazu stehen, lassen Sie das Ganze bleiben und fangen lieber etwas anderes an.« Wie recht der Mann hatte. Der Name für eine Firma vermittelt sowohl ein Bekenntnis – »Das ist meine Sache« – als auch eine Behauptung: »Das kann ich.«

Bald fand ich mich mit meinem Geschäftspartner im Büro des Notars ein. Der Gründungsakt eines Unternehmens zeichnet sich durch große Ähnlichkeiten mit einer Trauung aus. Zeremonien sind dort nötig, wo das Konkrete fehlt, sind dessen Ersatz. Wir gründeten also unsere AG. Das Produkt dieses Aktes bildete ein Dokument mit Siegeln auf rotem Papier. Danach glaubte ich für einen Moment, dass jetzt etwas geschehen sei. Ich empfand das gehobene Gefühl, Mitinhaber einer AG zu sein. Doch im Hintergrund lauerte, zwar leicht verdrängt, aber doch unübersehbar, die Frage: Was hat sich denn tatsächlich geändert? Mein Hochgefühl kippte in einen Zustand skeptischer Ironie um. Denn die Wirklichkeit bestand darin, dass vier Menschen an einem Holztisch gesessen und einen Vertrag geschlossen hatten, um sich zu vertragen.

Aber immerhin war das Überleben des Studios für das nächste Jahr gesichert. So glaubte ich jedenfalls. Doch kaum war die Gesellschaft gegründet, erhielt ich vom Hausbesitzer die Kündigung. In vier Wochen würden die Bulldozer hier vorfahren und das Haus abreißen, ungeachtet dessen, ob ich dort noch wohne oder nicht. Ich fand Räume in der Innenstadt, an der Grüngasse 21. Es waren vornehmere Räume, als ich sie bisher hatte. Aber auch entsprechend teurer. Doch mein Partner fand sie angemessener, denn schließlich dienten sie auch seiner persönlichen Positionierung in seinem Bekanntenkreis. Ich erhielt ein »Salär«, mein Partner schaute ab und zu rein, lobte mal dieses, kritisierte mal jenes. Als der Zeitpunkt immer absehbarer wurde, an dem alles Geld aufgebraucht sein würde, wollte mein Partner Einfluss auf mein operatives Handeln nehmen. Er brachte Ideen ein, die aufgrund der Marktentwicklung durchaus Sinn hatten. Denn ein Mitbewerber war aufgetaucht und hatte unter dem verheißungsvollen Namen »John Valentine Fitness Clubs« gleich mehrere Anlagen in Zürich und Umgebung eröffnet. Die schaute ich mir an.

Grüne Teppiche, sanfte Musik, Sprudelbäder, Massageangebote, Sauna und so weiter. Sogar einen Trainingsraum gab es da. Unwillkürlich verglich ich die verchromten, zierlichen Hanteln und die feinen Zugapparate mit meiner, dem Schrottplatz abgerungenen Einrichtung und musste eingestehen: Mein Studio kann in puncto Aussehen und Ausstattung mit diesen Etablissements kaum konkurrieren. Ich musste etwas unternehmen, um mehr Leute in unseren Laden zu bringen. Einige Kunden empfahlen mir, eine Sauna einzurichten, Solarien anzuschaffen und Massage anzubieten. Das kostete alles viel Geld. Mein Partner war nicht damit einverstanden, weiter zu investieren. Vielleicht hat er recht, dachte ich mir. So lieh ich mir von meinem Vater das nötige Geld, richtete eine Sauna ein, schaffte Liegebänke, Solarien und einen Getränkeautomaten an. Auch stellte ich, wie ich es im »John Valentine Club« gesehen hatte, Blumen und Pflanzen in die Räume. Meine Stammkunden reagierten etwas verdutzt auf das neue Erscheinungsbild, und einer fragte: »Was soll das? Welche Herrschaften soll das denn anziehen?« Die Frage war mehr als berechtigt. Ich merkte bald, dass ich die Sache falsch anging. Statt herauszufinden, wen ich eigentlich erreichen wollte, um daran mein Angebot auszurichten, kopierte ich lediglich einen Konkurrenten.

Tatsächlich kamen bald nur noch Kunden, die gar nicht im Sinn hatten, ernsthaft zu trainieren. Die lagen dann einfach irgendwo rum: in der Sauna, auf den Ruhebänken, auf dem Massagetisch oder in den Solarien. »Ich hab heute keine Zeit zum Training. Ich geh nur in die Sauna.« Nach einem Jahr beschloss ich, mir diesen Spruch nicht länger anzuhören. Mein Betrieb machte mir trotz der steigenden Kundenzahl keine Freude mehr. »Die liegen ja nur noch herum«, beschwerte ich mich eines Tages bei meinem Aushilfstrainer. »Liegen herum, verbrauchen jede Menge Strom und Wasser und sehen nach einem Jahr noch genauso aus wie vorher. Die sind weder gesünder noch stärker oder schöner geworden. Möglicherweise sauberer. Aber so haben wir nicht gewettet. Da zieh ich den Stecker raus!« Mein Trainer schaute mich mit großen Augen an. »Das kannst du nicht machen! Schau doch mal, wer jetzt zu uns kommt. Die feine Kundschaft vom Zürichberg, Leute, die sich vorher kaum in diesen Stadtteil getraut haben, die kommen jetzt hierher. Und warum? Wegen all der Sachen, die du jetzt rausschmeißen willst! Bist du übergeschnappt?« Er hatte ja recht. Aber meinen Eindruck, nicht mehr eine Trainingsstätte zu betreiben, sondern eine Art Lazarett für Hypochonder, wurde ich nicht los. Also harrte ich aus und versuchte durch permanente Aufklärung, den Kunden klarzumachen, dass es keinen »Ersatz« für das Training gibt, höchstens einen »Zusatz« in Form von Passivangeboten wie Sauna und so weiter.

Ein Schäfchen im Wald der Wölfe
1968

Kaum eine Metapher entspricht der Situation eines Jungunternehmers besser: Sobald er die Türen seiner kleinen schutzbedürftigen Firma öffnet, stehen sie da – nicht die Kunden, sondern die Versicherungsvertreter, Inserateverkäufer, selbst ernannten Werbeberater und Marketingexperten. Mir ging es nicht anders.

Nachdem die Gründung meiner Aktiengesellschaft im Handelsamtsblatt publiziert war, suchten sie mich heim. Der Erste, Herr Fabrikant, schwärmte von meinem wunderbaren Geschäft und meinte, dass ich unbedingt im Programmheft des Opernhauses inserieren müsse. Ich unterschrieb. Dass dieses etwas ältliche und erzkonservative Abonnementspublikum nicht unbedingt meiner Zielgruppe entsprach, darüber machte ich mir keine Gedanken. Wohl etwas überrascht von meiner Willfährigkeit, setzte er noch eins drauf und empfahl mir, im »Neuen Israel« zu inserieren. Die Juden wären doch ganz verrückt nach Körperertüchtigung, was mir bis dahin offensichtlich entgangen war. Ich unterschrieb nochmals. Die Anzeigen erschienen, die Kunden nicht. Der Versicherungsvertreter verkaufte mir Versicherungen, obwohl kaum etwas zu versichern war. Aber es gelang ihm, mich von den Gefahren, die da lauerten, zu überzeugen. Betriebsausfallversicherung, Haftpflichtversicherung, Lebensversicherung und so weiter. Ich wusste gar nicht, dass es derart viele Versicherungen gab. Schließlich fand sich auch ein Unternehmensberater ein. Er prognostizierte meinem Unternehmen eine glänzende Zukunft, wenn ich nur seine Dienste in Anspruch nähme und die kleine Anzahlung von dreitausend Franken für das absolut notwendige »Grundstudium« meiner Firma leistete. Diesmal unterschrieb ich nicht, weil ich kein Geld mehr hatte. Mir ist heute klar, warum so wenige Firmen das erste Jahr überleben: Sie wurden geplündert, bevor sie eine Chance hatten, sich zu etablieren.

Gefahr drohte aber nicht nur von jenen, die Geld von mir wollten, sondern auch von solchen, die mir Geld geben wollten. Da war zum Beispiel Herr Dehrmann. Er verkaufte Inserate für das »Zürcher Tagblatt«, einer Publikation von bescheidenem journalistischem Niveau, dafür aber gratis. Herr Dehrmann war ein begnadeter Verkäufer. Während seiner Anstellung beim »Tagblatt« vervielfachte sich dessen Volumen an Inseraten. Ich inserierte dort ab und zu und hatte einige Monate regelmäßigen Kontakt mit ihm, dann verließ er das »Tagblatt«. Etwa zwei Jahre später rief er mich an. Er möchte bei mir investieren. Ja, eine größere Sache stelle er sich da vor. Meine Neugierde war geweckt.

»Dehrmann Consulting« stand auf dem Messingschild an seiner monumentalen Tür. Ich trat ein. Kein Vorzimmer, nein, eher eine Halle war das. In der Mitte stand ein riesiger Empfangstisch, dahinter thronte eine junge Frau mit langen roten Fingernägeln und einem gemeißelten Lächeln. »Ich habe einen Termin mit Herrn Dehrmann.« Die Lächelnde schaute mich an. Sie schielte auf die intelligente Art, so wie Jean-Paul Sartre. »Wie war Ihr Name?«, fragte sie. Natürlich hätte ich mich erst vorstellen sollen. »Füllen Sie bitte dieses Formular aus.« Das nimmt irgendwie eine falsche Richtung, dachte ich mir. »Es ist privat, wissen Sie. Herr Dehrmann, ja, wir sind befreundet.« Das Lächeln erstarb. »Ach so, Moment bitte.« Sie nahm den Telefonhörer. »Es ist jemand … Wie war Ihr Name? Ach so.« Sie hängte auf und erhob sich. »Folgen Sie mir.« Ein langer Gang. Eine schwarze Tür. Die Dame verlässt mich und eine neue sitzt vor mir. Etwas älter, aber ebenso wenig beschäftigt wie die erste. »Nehmen Sie bitte Platz, Herr Dehrmann ist noch in einer Besprechung.«

Herr Dehrmann kam mit einem älteren, vornehm gekleideten Herrn aus dem Büro, verabschiedete ihn und kam auf mich zu. »Wunderbar, dass du gekommen bist, Werner. Komm herein.« Sein Büro entsprach seinem Nadelstreifenanzug. Ein gewaltiger Schreibtisch aus Mahagoni. Darauf ein Löwe aus Bronze. Ein imposantes Regal mit unbenutzten Büchern. Alles roch irgendwie nach Geld. Erst musste ich meine Frage loswerden: »Wie hast du das denn geschafft?« Hansjörg verschränkte seine Hände hinter seinem Kopf und lehnte sich in seinem Ledersessel zurück. »Es ist ganz einfach«, begann er, »die Leute haben Geld, zu viel Geld würde ich mal sagen, das sie nicht gerne versteuern, wenn du verstehst, was ich meine.« Ich verstand, zumindest theoretisch. Ich würde mein Geld gerne versteuern, wenn ich nur mal erst welches hätte, dachte ich mir. »Also ich helfe diesen Leuten, ihr Geld diskret anzulegen. Das ist nicht ganz einfach. Und auch nicht ganz billig«, schloss er seine Erläuterungen mit einem verbindlichen Lächeln. Ich begriff. »Und jetzt möchtest du Geld bei mir anlegen. Aber das ist doch gefährlich. Ich meine, das ist doch Schwarzgeld?«, fragte ich und kam mir dabei etwas naiv vor. Mir wurde unwohl. Ich sah im Geiste schon die Steuerfahnder die Tür meines Studios versiegeln. »Dir kann gar nichts geschehen. Du hast einfach ein paar stille Teilhaber. Das Sagen in deiner Firma behältst du.« Das hörte sich wie ein ganz normales Geschäft an. Warum nicht? Was spricht dagegen? »Und was ist mit dir?«, fragte ich. »Du bist doch ex-

trem gefährdet.« – »Mir kann gar nichts passieren. Ich weiß
zu viel. Meine Kunden würden sich hüten, gegen mich vorzu-
gehen. Selbst wenn sie bei mir Geld verlieren.« Ich verabschiedete mich: »Werde mir das überlegen und mich dann
melden.« Es wäre ja schön, wenn ich genügend Geld hätte,
um mein Studio so einzurichten, wie ich es mir schon immer
erträumt hatte.

Einige Wochen später wurde Dehrmann verhaftet und für
zwei Jahre ins Gefängnis gesteckt. Dank seiner verwaltungs-
technischen Kenntnisse durfte er dort im Büro arbeiten, von
wo aus er bald seine Geschäftstätigkeit wieder aufnahm. Einige Wochen nachdem er aus dem Gefängnis entlassen
wurde, fand man ihn erhängt in einem Hotelzimmer. Selbst-
mord, lautete die Pressemeldung. Wohl kaum, dachte ich.
Aber wen interessierte das schon?

Sonja — und das Schwinden der Schwerkraft

1970

Eines Morgens stand eine junge Frau von kräftiger Statur und etwas markanten, aber attraktiven Gesichtszügen vor mir. »Ich heiße Sonja. Ich kann massieren und möchte hier arbeiten.« In der Tat: Zur Sauna gehört auch Massage. »Probieren wir es aus«, sagte ich. »Nach meinem Training, so um 16 Uhr.« Ich bin nicht der ideale Massagekunde. Nach fünf Minuten werde ich meistens schon etwas kribbelig. Doch Sonjas kräftige Hände übten einen derart disziplinierenden Druck aus, dass mir das Stillliegen nicht schwerfiel. Nach der Probe stellte ich sie ein. Sonja erwies sich als unglaublich vielseitig. Sie war gelernte Blumenbinderin, doch verstand sie sich in allen Belangen, die geschickte und kräftige Hände erforderten. Sonja fuhr eine Kawasaki mit 1000 ccm. »Warum fährst du eigentlich kein Motorrad? Das ist doch das Schönste auf der Welt!« Ich sah vorerst keine dringende Veranlassung, von der Nutzung öffentlicher Verkehrsmittel abzukommen.

Doch Sonjas Begeisterung für das Motorradfahren war ansteckend. Durch den Umzug und den Umbau meines neuen Studios befasste ich mich ausgiebig mit Architektur und der Gestaltung von Räumen und Objekten. In einem Buch über die Geschichte des Bauhauses stieß ich auf die Abbildung eines BMW-Motorrades aus den 1930er Jahren – und war sofort fasziniert. Hier war ein Gebrauchsgegenstand, der als Vehikel für den menschlichen Körper diente, zum Kunstwerk geraten. In einer Diskussion mit Freunden aus dem Psychologiekurs, den ich damals besuchte, schwärmte ich von diesem Motorrad als »materialisiertem, reinem Zweck«. Peter, ein bärtiger und sonst eher wortkarger Kursteilnehmer, brummte: »Bei mir steht so eine Gummikuh in der Garage. Du kannst sie gerne haben, … für, hm …, fünfhundert Franken.« Der Name »Gummikuh« für die alten BMW-Modelle war Motorradkennern geläufig und bezog sich auf den Sattel, der nicht aus Leder, sondern aus Gummi gefertigt war, und auf die Federn der Stoßdämpfer, die mit einem Gummiüberzug versehen waren.

Tatsächlich: Da stand sie, eine steinalte BMW, etwas verrottet zwar, aber nicht ohne Würde. Der Motorradhändler, dem ich sie nach dem Kauf zur Revision brachte, schluckte mehrmals, bevor er sich zu einem Kommentar durchrang: »Was wollen Sie denn damit? Auf die Straße?« Natürlich hätte er mir lieber ein neues Motorrad verkauft. Aber mein eisiges Schweigen deutete er wohl richtig. Wenn er sich nicht ernsthaft meines Problems annahm, betrachtete ich ihn als Banausen und Amateur, kurz: als Mechaniker ohne das geringste motorradhistorische Bewusstsein, womöglich sogar mit noch größeren Defiziten behaftet. Er ging in die Hocke und stocherte mit seinem Schraubendreher etwas an der Schmutzschicht auf dem Vergaser herum, als handle es sich um den Kadaver eines verrotteten Tieres. »Abdampfen, erst abdampfen; dann sehen wir, was da noch dran ist.« Mit diesen Worten schob er die BMW hinaus zur Waschanlage.

Während er das Abdampfgerät aus einer Werkstattecke holte und einschaltete, unternahm er einen Versuch, sein bei mir angeknackstes Image als Fachmann etwas aufzupolieren. »Das waren früher einmal ganz hervorragende Töffs.« Der lautmalerische Ausdruck »Töff« bedeutet in Schweizerdeutsch »Motorrad«. »Gingen überhaupt nicht kaputt, wenn sie richtig gefahren wurden. Aber heute müssen Töffs idiotensicher sein. Früher galt der Töff als Auto des Arbeiters. Dem trug er Sorge. Töfffahren tun heute auch Verrückte; solche, die nicht richtig fahren können und dem Töff nicht Sorge tragen.« Der Dampfstrahl schoss aus der Düse. Schmutz, Staub, eingetrocknetes Öl und Fett – alles schmolz hinweg. Wie die Enthüllung einer Statue. Innerhalb einer knappen Minute erstrahlte die alte BMW wie neu. Der Motorradhändler begann in einer Anwandlung von Rührung eine Stelle an der Lenkstange mit seinem Taschentuch zu polieren. Dann trat er einige Schritte zurück, steckte sich eine Zigarette an und betrachtete den Töff mit einem zärtlichen Ausdruck in den Augen. »Ja, ja. Schön ist sie, das muss man ihr lassen.«

Erst nach diesem Gespräch fiel mir ein, dass mir dieses Kunstwerk nicht nur zur Kontemplation dienen könnte, sondern auch als Vehikel. Also machte ich die Motorradfahrprüfung. Sonja und einige andere Trainingskollegen bildeten eine Art Club im Studio. Wir unternahmen Motorrad-Touren bis nach Korsika. Immer wieder grübelte ich über einer Frage: Woher kommt die Faszination, die das Fahren auf dem Motorrad, insbesondere mit hohen Geschwindigkeiten bietet? Die Erkenntnis traf mich in der Badewanne. Die Wasserverdrängung hebt die Schwerkraft auf. Daher das Behagen im Wasser. Gleiches gilt für die Beschleunigung: Sie hebt die Schwerkraft vorübergehend auf. Diese »Erleichterung« wird als angenehm, ja lustvoll empfunden, wie der Aufenthalt im Wasser oder das Schaukeln, bei denen Kinder bekanntlich vor Vergnügen quietschen. Alles, was die Schwerkraft mindert, ist angenehm.

Die Brücke zu »meinem« Thema war damit geschlagen. Der Hauptvorzug erhöhter Muskelkraft und die Ursache des gesteigerten Wohlbefindens im trainierten Zustand lässt sich mit dem Empfinden der abnehmenden Schwerkraft oder eben der gewonnenen Leichtigkeit gut vergleichen. Je stärker ich bin, umso leichter trage ich an mir. Interessant finde ich, dass dieser bedeutende Sachverhalt bis heute kaum thematisiert wird, weder in der Trainingswissenschaft noch in der Werbung der Fitnessstudios.

Zahlungsbefehle
1971

Mir wurde immer klarer, dass ich in meinem Studio förmlich »Perlen vor die Säue werfe«. Die Vorzüge der Kräftigung sollten nicht untergehen im Gleichklang der Rituale und Methoden, deren Nutzen weder sichtbar noch wissenschaftlich nachvollziehbar sind. Das wäre ein klarer Kategorienfehler. Die Initialfähigkeit »Kraft« steht über allen anderen körperlichen Fähigkeiten, denn ohne Kraft können wir uns nicht von der Stelle bewegen. Wir bewegen uns kraft unserer Kraft. Je stärker ich bin, umso leichter trage ich an mir. Dieser Erkenntnis muss die Tat folgen, redete ich mir Mut zu und ging ans Werk.

Ich entfernte erst die Sauna, dann die Solarien und schließlich alles, was nicht unmittelbar mit dem Training zu tun hatte. Der Kahlschlag zeigte Wirkung. Etwa ein Drittel der Abonnenten erschien nicht mehr. Übrig aber blieben jene, die sich ohnehin nur wenig für die passiven Einrichtungen interessiert hatten.

Auch Sonja überstand diese »Säuberungsaktion« bestens. Sie arbeitete bis 1986 als Trainerin bei mir. Danach machte sie sich als medizinische Masseurin selbstständig und massierte im Nobelhotel Baur au Lac in Zürich viele der Großen und Reichen dieser Welt.

Geld ist eine üble Erfindung – mir fehlte es permanent. Das Wesen der Buchhaltung hatte ich wohl begriffen. Es besteht in der Sorge dafür, dass weniger Geld hinausgeht als hereinkommt. Mein Unternehmen zeigte jedoch stets die umgekehrte Tendenz. Das Geld ging schneller hinaus, als es hereinkam. Geldforderungen konnte ich nur ungenügend nachkommen. Am Ende eines Einforderungsprozesses steht der »Zahlungsbefehl«, eine Wortbildung, die einschüchtern soll. Dabei handelt es sich jedoch erst einmal um ein Stück Papier. Entscheidend ist, so fand ich heraus, wie man dieses Stück Papier deutet und was man daraus macht. Von solchen Zahlungsbefehlen erhielt ich einige. Was sollte ich tun? Die Liste meiner Gläubiger hatte allmählich einen respektablen Umfang erreicht, und der Gesamtbetrag meiner Schulden türmte sich auf eine Höhe, die jede Hoffnung auf Tilgung innerhalb eines vernünftigen Zeitraums zunichte machte. Ich erarbeitete also einen Abzahlungsplan, der über drei Jahre reichte. Das war die Zeitspanne, innerhalb deren mir die Tilgung realistisch erschien. So pilgerte ich mit meinem Plan zu meinen Gläubigern, um ihnen den Vorschlag, den ich im Grunde genommen als eine Zumutung empfand, zu unterbreiten. Ich bereitete mich innerlich auf einen peinlichen Bittgang vor. Zu meiner Überraschung waren jedoch alle mit meinen Vorstellungen einverstanden. Einige freuten sich regelrecht. Der Anzeigenchef des »Tagblatts«, dem meine Inserate gefielen, obwohl sie nicht bezahlt waren, lud mich sogar zum Mittagessen ein.

Mein Plan ging jedenfalls auf und ich lernte wirtschaften. Ich ernährte mich hauptsächlich von Reis, Thunfisch und Gemüse. Das war billig, nahrhaft, einfach zuzubereiten und konnte über mehrere Tage aufbewahrt werden. »Mit wie wenig kann ich noch gut leben?«, lautete meine Devise. Das herauszufinden, halte ich auch heute noch für eine empfehlenswerte Übung, insbesondere für junge Menschen, die nie Not und Entbehrung erlebt haben.

Eines Tages rief mich mein Steuerberater, Herr Gubser, an. »Kann ich Ihnen die Bilanz gleich rüberbringen. Aber sorgen Sie dafür, dass Sie sich hinsetzen können.« Die erste Bilanz sah so schlecht aus, dass mir der Steuerberater empfahl, »das Handtuch zu werfen«. »Man gibt nicht auf«, antwortete ich, »schließlich geht es hier ja nur um Geld.« Der Steuerberater verließ kopfschüttelnd mein Studio. Und auch meinem Partner wurde alles zu abenteuerlich. Zudem wurde die Vermischung seines Kapitals mit meinem nachträglich investierten Geld zu einer Quelle ständiger Missverständnisse. Er verkauft mir deshalb seine Aktien zu einem günstigen Preis. Nun war ich – endlich wieder – Herr im Haus.

Grossmann — Wie plant man?
1968

In jener Zeit belegte ich einen Abendkurs für Psychologie. Dort traf ich einen blitzgescheiten jungen Mann mit asiatischen Gesichtszügen, Antonio Cho. Im Gespräch über meine anstehenden unternehmerischen Probleme erwähnte er einen gewissen Gustav Grossmann. Der hätte ein Buch geschrieben mit dem Titel »Sich selbst rationalisieren«, das mir möglicherweise weiterhelfen könnte. Ich fand das Buch tatsächlich in einer Buchhandlung, setzte mich dort hin und begann zu lesen. Es war morgens, gegen zehn Uhr. Als das Geschäft um halb sieben schloss, hatte ich das Buch fast ausgelesen. Ich stellte es ins Regal zurück und ging nach Hause. Aber sein Inhalt verfolgte mich und ich träumte sogar davon. Am nächsten Morgen kaufte ich das Buch.

Grossmann war »Erfolgslehrer«. Seine Lehre war von derart simpler Logik – Zeit- und Projektplanung sowie Situationsanalyse –, dass ich mich fragte, warum nicht jeder selbst darauf kommt. Was ich damals noch nicht wusste: Um solche Simplizität zu erreichen, bedarf es jahre-, wenn nicht jahrzehntelanger Arbeit. Das Erkannte dann anzuwenden und sich anzugewöhnen, das ist die Hürde, die nur wenige überwinden. Nach Grossmann gibt es zweierlei Typen von Menschen: Jene vielen, die dauernd Hilfe fordern und Ansprüche stellen; und dann jene wenigen, die denken und sich selbst und damit den anderen helfen. Grossmann, Schopenhauerianer und Darwinist, sprach aus, was ich empfand. Der Kontrast zum Zeitgeist, der um 1968 herrschte, war eklatant. Grossmann bot in seinem Buch »Lizenzen« für die Anwendung seiner Methode. Die Einführung sollte individuell per schriftlicher Korrespondenz erfolgen.

Von der Zweckmäßigkeit und vom Sinn seines Angebots überzeugt, schrieb ich Grossmann, er möge mir die Unterlagen für eine Lizenznehmerschaft zustellen. In Erwartung freundlicher Werbe- und Verkaufsunterlagen öffnete ich seinen Antwortbrief. »Bevor ich eine Prüfung Ihrer Eignung für die Grossmann-Methode vornehme, stellen Sie mir bitte dar, mit wie viel Prozent sich bei Ihnen die Anschaffung des Buches ›Sich selbst rationalisieren‹ rentiert hat.« Erst war ich irgendwie indigniert, dann musste ich lachen. Wie recht der Mann hatte! Und wie er gleich mit der Arbeit beginnt. Denn wer auf diese Antwort nicht reagiert, ist ungeeignet für die Methode. Also, keine Hochglanzprospekte, keine Zahlungsvorschläge, sondern Arbeit, Denkarbeit. Neunundfünfzig Franken hatte das Buch gekostet. Was habe ich eingenommen oder eingespart durch die Anwendung seines Inhalts? Nichts. Nur Ausgaben habe ich produziert. Die Kosten für das Buch, der Aufwand an Zeit, es zu lesen, und den Brief an Grossmann zu schreiben. So ging ich daran, seinen Inhalt anzuwenden. Nach vier Wochen konnte ich tatsächlich einen ansehnlichen Betrag nachweisen, den mir die Anwendung gebracht hatte.

Ich schrieb erneut an Grossmann. In Erwartung des Anmeldeformulars öffnete ich eine Woche später einen dicken Umschlag. Der enthielt einen umfangreichen Fragebogen mit teilweise sehr persönlichen Fragen zu meiner momentanen Situation. »Schicken Sie mir den Fragebogen bis zum … zurück, damit wir Ihre Eignung zur Grossmann-Methode abklären können.« Wieder ein starkes Stück. Der Typ will gar nicht mein Geld, der will meine Seele, dachte ich. Anderer-

Das »SSR«- Buch: Betriebswirtschaft auf den Punkt gebracht

seits fand ich sein Vorgehen völlig einleuchtend und konsequent. So machte ich mich an das Ausfüllen des Fragebogens. Die Fragen waren so direkt und schnörkellos, dass sie erst einmal eine bestimmte Form von Unmut erzeugten. Das Ausfüllen an sich jedoch löste schon einen Bewusstwerdungsprozess aus. Bei der letzten Frage angelangt – »Welche Konsequenzen ziehen Sie aus dieser persönlichen Situationsanalyse?« – hatte ich tatsächlich das Gefühl, dass sich der Nebel in meinem Dasein lichtete, ein Nebel, den ich zuvor nicht wahrgenommen hatte.

Erleichtert schickte ich die erarbeiteten Fragebögen zurück. Zwei Wochen später kam nicht etwa das mittlerweile sehnsüchtig erwartete Anmeldeformular, sondern ein Brief mit der lakonischen Antwort: »Zu Punkt V und Punkt Z: Dies ist von Ihnen nicht richtig gedacht oder nicht richtig ausgedrückt. Denken Sie nochmals darüber nach. Wenn Sie sich hier nicht Klarheit verschaffen, verbietet sich die Aneignung der Methode für Sie von selbst.« Schon wieder! Jeder Brief eine, nun ja, keine richtige Ohrfeige, aber eine unmissverständliche Korrektur. Er hatte wieder recht. Bei diesen Fragen ging es um Autorität und autoritäres Verhalten, Themen, die den damaligen Zeitgeist dominierten. Ich musste erkennen, dass ich bei der Beantwortung der Fragen auf den Zeitgeist hereingefallen war. Und der Typ hat das prompt bemerkt! Ich erlebte ein Wechselbad der Gefühle, von Kränkung bis Erleichterung. Nachdem ich auch diese Hürde genommen hatte, bekam ich endlich das Anmeldeformular. Als Kurshonorar erhielt Grossmann ein Monatseinkommen des Schülers sowie eine prozentuale Beteiligung am künftigen Mehrverdienst, sofern dieser eine Verdoppelung des gegenwärtigen Einkommens überstieg. Ich unterschrieb.

Das Kursmaterial lieferte ein Beispiel an Reduktion. Ein Stapel Blätter im A6 Format, bedruckt von Blatt 1 bis 31. Den Wochentag musste man selbst eintragen. Dazu eine Lederhülle mit Klemmvorrichtung, um das »Tagesplanbuch« einzurichten. Und das Lehrbuch – »Das Glückstagebuch« – zur Einführung in die »Stufe I: Zeitplanung« der Grossmann-Methode. Dazu ein Brief – alle Briefe Grossmanns waren persönliche Schreiben – worin er mir gratulierte: »Sie sind auf dem Weg, aus der Riesenmasse der drei Milliarden herauszutreten, deren Weg zur Hölle mit guten Vorsätzen gepflastert ist, so dass jeder Vorsatz sein Subjekt überlebt, ohne sich in die Durchführung des Vorsatzes zu verwandeln.«

Grossmann ging davon aus, dass zum Aufbau eines Konzerns nicht mehr nötig sei als Papier, Bleistift, Radiergummi – und ein ausgeruhter Kopf. Heute weiß ich, dass er recht hatte. Und das gleich in zweifacher Hinsicht. Erstens lernt derjenige, der üppige Mittel zur Verfügung hat, nie, mit »zu kurzen Spießen« zu kämpfen, also nach neuen, unbekannten Wegen zu suchen. Beschränkung lehrt Denken, würde ich heute sagen, und führt darüber hinaus zu einem eigenen Stil. Zweitens reden einem in diesem Stadium noch keine Besserwisser hinein und zerstören womöglich etwas, das zu dieser Zeit noch sehr zart und empfindlich ist: ein Traumgebilde.

Die Einführung dauerte ein Jahr. Grossmann-Schüler lernten, für ihre Projekte sogenannte Wie-Pläne zu erstellen. So schrieb mir Grossmann am 7. April 1971: »Beim Wie-planen handelt es sich darum, eine Aufgabe durchführbar zu machen, die ein Mensch ohne Wie-Plan nicht durchführen kann – so, wie durch Ihre Methode ein Mensch physische Leistungen durchführen kann, die er ohne diese Methode nicht durchführen könnte. Ich würde also sagen: ›Wie verwandle ich einen Schüler mit physischen Mängeln in einen Schüler mit (welchen) Vorzügen?‹ Das wäre eine Aufgabe für Ihre Praxis und dafür hätten Sie einen Wie-Plan zu machen.« Den Wie-Plan habe ich gemacht. Seine Durchführung ist seit vierzig Jahren im Gange.

Die erste strategische Entscheidung
1973

Noch immer stand mein Geschäft auf schwachen Füßen. Keine Kapitaldecke, keine Reserven, nichts, worauf ich bauen könnte, so dass mein Unternehmen Bestand hätte. Ein Gast, Fredi Amacher, von Beruf Inserateverkäufer für Jugendmedien, zeigte mir eines Tages eine Grafik, nach der er, wie er sagte, sein »Marketing« ausrichtete. Die Statistik zeigte die Spitze des »Geburtenberges« und dessen »Wanderung«. Tatsächlich waren zum damaligen Zeitpunkt die meisten jungen Menschen um die zwanzig Jahre alt. Das durchschnittliche Alter meiner Gäste lag jedoch deutlich darüber. Wie sollte ich die jungen Menschen ansprechen? Warum kamen sie nicht in Massen? Sie hatten einfach zu wenig Geld. Mein Training kostete damals 900 Franken. Ich halbierte nun meine Preise noch und machte das mit Inseraten in Fredis Jugendmedien bekannt. Daraufhin kamen sie tatsächlich. Das Publikum verjüngte sich zusehends, so dass einige der älteren und vor allem vornehmeren Gäste sich nicht mehr wohl fühlten und ihre Mitgliedschaft kündigten. Vor allem aber kamen jetzt auch junge Frauen, während Krafttraining bis dato eine Männerdomäne gewesen war.

Fredi hatte mir mit seiner Statistik zur ersten wirklich strategischen Entscheidung verholfen. Er leitet heute seinen eigenen Verlag und gibt jährlich die »Berufsbilder« heraus, eine äußerst nützliche Entscheidungshilfe für Jugendliche vor der Berufswahl. Wir sind bis heute Freunde geblieben.

Zeitgeist
1968

Studenten in Berkeley protestierten gegen den Vietnam-Krieg. Viele allerdings erst, nachdem sie den Stellungsbefehl erhalten hatten. Die Unruhen griffen auf andere Universitäten und schließlich auch auf Europa über. In Berlin wurde Rudi Dutschke, das Idol des Jugendprotestes, niedergeschossen, einen Tag bevor er in Zürich erwartet wurde. Stattdessen kamen Gaston Salvatore, Günther Amendt und Bernhard Achterberg, alles Studenten aus Deutschland, die im SDS (Sozialistischer Deutscher Studentenbund) organisiert waren. Der Lichthof der Uni war voll von jungen Leuten. Und keineswegs nur Studenten. Nein. Man hatte den Eindruck, die gesamte Stadtjugend hätte sich hier eingefunden. Um zu protestieren, zu demonstrieren gegen – ja gegen was eigentlich? Auch ich fand, dass die Welt im Argen lag und ging hin. Freunde aus meinem Psychologiekurs waren ebenfalls dort. Wir wollten mit den APO-Studenten bestimmte Fragen diskutieren. Aber dauernd war die Politische Polizei da und fotografierte so auffällig-unauffällig, dass wir uns entschlossen, das Gespräch an einem anderen Ort fortzuführen. Ich lud alle Interessierten in mein Studio ein, das Platz für etwa 200 Menschen bot. Die Polizisten, die ebenfalls in meine Räume drängten, schickte ich hinaus. Meine Räume sind privat.

Die Diskussion war ernüchternd. Die Studenten gaben marxistische oder leninistische Phrasen von sich, ohne auch nur für einen Augenblick ihren ideologischen Käfig zu verlas-

KOPIE

Name	:	K i e s e r - Kaniewski		richtig	:
Vorname:		Werner		alias	:
Geburt	:	18.1o.194o in Bergdietikon/AG		Eltern	:Werner u. Luise geb. Sutter
Beruf	:	~~Handelsschüler~~ Sportlehrer *		Heimat	:Lenzburg/AG
Wohnort	:	~~Dietikon/ZH, Oberdorfstr. 38~~		Zivilstand:verh. mit Gerda Frieda 43 ▮ getr.
				Zürich, Grüngasse 21

Bemerkungen:
* "INSTITUT FUER MODERNE KOERPERBILDUNG "*/

Akten	Datum	Gegenstand
(o18.o)33/6/256	26.2.64	v.Stapo ZH: Erhebungsbericht über das Ehepaar K., das kommun. Umtriebe verdächtigt wird. Im Herbst 1963 habe das Ehepaar an einem KP-Treffen in Ostdeutschland teilgenommen. Die Ehefrau habe an ihrem Arbeitsort zu politisieren begonnen und dabei den Kommunismus verherrlicht. K. besucht bis April 1964 Dr. Raeber's Handelsschule in Zürich. In polit. Hinsicht ist er bis dahin nicht in Erscheinung getreten. ▮▮▮▮
(o18.o)32/269	2.5.68	v.Stapo ZH: Aussagen über K., der in seinem Gymnastiksaal am 27.4.68 den Besuch v. ca. 6o Studenten gehabt hätte, die vermutlich gleichentags an einer Demonstration teilgenommen hätten u. ferner hätte K. mit 2 Studenten die am 26.4.68 in der Aula Vorträge gehabt hätten, über polit. Dinge diskutiert (SDS-Studenten an FSZ Anlass v.26.4.siehe diesbezügl.'rapporte). K. lebt v. Ehefrau getrennt, er führt ein 'Institut für moderne Körperbildung' K. zog v. Bergdietikon am 9.3.67 nach Zch. ▮▮▮▮

Im Visier des Staates (erste Seite des Protokolls)

sen und über konkrete Probleme so zu sprechen, dass auch Nicht-Marxisten folgen können. Dieses »subversive« Treffen hatte Folgen, die mir erst zwanzig Jahre später in Form meiner nunmehr zugänglichen »Akte« aus dem Archiv der Schweizer Bundespolizei bekannt wurde: Ich wurde kommunistischer Umtriebe beschuldigt. Auch meine damalige Frau Gerda – als Ausländerin a priori verdächtig – wurde kommunistischer Wühlarbeit bezichtigt.

Die sogenannten »Globus-Krawalle« – das Warenhaus, vor dem sie stattfanden, hieß »Globus« – waren eine unerwartete Erscheinung im sonst eher ruhigen Zürich. Die »Neue Zürcher Zeitung« mahnte »Wehret den Anfängen!«, die Polizei war überfordert, die Ladenbesitzer vernagelten mit Brettern ihre Schaufenster und die Stadt erlebte eine Art Ausnahmezustand. Der Vorteil solcher Zustände besteht darin, dass die

Leute anfangen, miteinander zu reden. Die einen glaubten, das sei alles importierter Radau aus Deutschland und Frankreich, die anderen meinten, es sei gut, dass endlich etwas geschehe, denn die Welt bedürfe dringender Veränderungen. Es gab viele öffentliche politische Diskussionen, die zu besuchen schon ihrer Farbigkeit wegen eine Pflicht war.

Was mir auffiel: Die Wortführer, Referenten und »Agitatoren« stammten fast durchweg aus dem bürgerlichen Milieu, einige aus jener Gesellschaftsschicht, die Marx als »Lumpenproletariat« bezeichnet hatte: kleine Geschäftsleute und Ladenbesitzer. Arbeiter waren weit und breit nicht zu entdecken. Von diesen jedoch war hier dauernd die Rede. Ich stellte mir vor, was meine früheren Handwerkerkollegen oder die Kumpel vom Bau dazu sagen würden, wenn die sich hierher verirrt hätten. »Quatsch«, »Klugscheißer« oder so ähnlich hätte ihr Urteil gelautet. Mir wurde klar: So sind »Arbeiter« bestimmt nicht anzulocken, geschweige denn zu überzeugen.

Doch dann erfuhr ich, dass Daniel Cohn-Bendit in Frankreich die Arbeiter von Citröen und anderen großen Werken für Proteste gewinnen konnte. Waren die Arbeiter in Frankreich wacher oder gebildeter? Oder war Cohn-Bendit einfach klüger als unsere »Agitatoren«? Ich plante, nach Frankreich zu reisen, um mir das anzusehen. Doch schon nach einer Woche war der Spuk vorbei. Trotzdem blieb Cohn-Bendit für mich der einzige wirkliche »Agitator«. Denn ihm ist es gelungen, den damals hochgerüsteten Polizeistaat Frankreich lahmzulegen – zumindest für kurze Zeit.

Die Erfahrungen in den Jahren 1968, '69 und '70 befreiten mich von der Zwangsvorstellung, die Welt verändern zu wollen. Ich beschloss, von da an kleinere Brötchen zu backen. Wenn ich den Leuten helfe, stärker zu werden, ist das schließlich auch ein kleiner Beitrag zu einer besseren Welt.

Angelika – und die Kraft der Sprache
1969

Die Psychologiekurse, die ich mehr oder weniger regelmäßig besuchte, hatten zu einer Art »Bewegung« beigetragen. Damals, Ende der Sechziger- und Anfang der Siebzigerjahre, geriet vieles in und zur »Bewegung«. Psychologie erhielt insofern politische Bedeutung, als sie nicht beim Individuum stehen blieb, sondern zunehmend »die Gesellschaft« für alle Unbill, die dem Individuum widerfährt, verantwortlich machte. Da besonders eine »Schule« in Zürich als revolutionär galt, kamen auch viele deutsche Studenten in die Schweiz, vornehmlich aus Berlin, einem der Zentren der kontinentalen Studentenrevolte. Angelika, eine der damaligen Studentinnen, fand – zuerst nur provisorisch – eine Unterkunft in meiner Wohnung. Dann verliebten wir uns ineinander und blieben zehn Jahre zusammen.

Angelika studierte Anglistik und Germanistik. Sprachwissenschaftlerin plus Berlinerin – ich hatte keine Chance. Sie redete so schnell und überzeugend, dass mir die Antworten auf ihre Fragen manchmal im Halse stecken blieben, während Angelika schon längst zu einem anderen Thema gewechselt war. Fasziniert von ihrer Eloquenz hörte ich ihr einfach zu, oft weniger am Inhalt als an der Form des Gesagten interessiert.

Aber immerhin war mein Interesse an der Sprache erwacht. Da war ein riesiges Feld, von dem ich bis dato kaum Kenntnis hatte. Angelikas Dissertationsthema galt der empirischen Rezeptionsforschung am Beispiel von Hans Fallada. Wie schaffte

Fallada es, den Leser in eine atemlose Spannung hineinzuziehen, ohne ein einziges Mal »durchzuhängen«? Ich lernte jedenfalls eine neue Ebene des Lesens kennen. Es ging nicht darum, einfach zu konsumieren, sondern zu fragen: »Was will der Autor? Wie macht er es, um es zu erreichen?«

Dank Angelika lernte ich nicht nur genauer zu lesen, sondern auch genauer hinzuhören. Es war und ist noch immer faszinierend für mich festzustellen, wie der Charakter eines Menschen in seiner Wortwahl zum Ausdruck kommt. An ihren Wörtern sollt ihr sie erkennen, paraphrasierte ich ein Zitat aus dem Neuen Testament und übertrug diese Erkenntnis auf meine Gespräche mit meinen Kunden und Mitarbeitern. Ich erstellte gewissermaßen eine private »Unwörterliste«. Diese enthielt die gängigen Phrasen und Worthülsen, die nichts oder fast nichts aussagen; ferner Anglizismen, die im Treibsand der Fitnesswelle auch die Schweiz erreicht hatten. Dieses »Schärfen« des Werkzeugs »Sprache« hatte für mich einen beruflichen und einen privaten Wert. Dass darin auch ein öffentlicher Wert gesehen wird, wurde mir erst 2006 klar, als mich der Verein Deutsche Sprache zum Ehrenmitglied ernannte.

Wenn wir uns auch getrennt haben, so sind Angelika und ich doch Freunde geblieben. Sie war mir später eine große Hilfe bei meinem Philosophiestudium in englischer Sprache.

Mitbewerber
1973

Die Werbung der Konkurrenz wurde lauter und lauter. »John Valentine Fitness Clubs« – mit einem solchen Namen konnte ich nicht aufwarten. Ich besuchte diese Clubs nochmals und schaute mir an, was sie zu bieten hatten: Oasen der Entspannung, des kultivierten Müßiggangs und eine Gelegenheit, nette Leute kennenzulernen. Warum nicht? Doch den Trainingsraum hätte ich nicht gegen meinen getauscht. Chrom ersetzt keine Gewichte. Aber die Clubs fanden Zuspruch. War eine neue Zeit angebrochen?, fragte ich mich. Vielleicht sollte auch ich mitziehen, mit der Zeit gehen, mein Angebot mehr aufs Vergnügen ausrichten oder wenigstens verlockender darstellen.

Eines Tages erhielt ich von einem meiner Gäste ein lukratives Angebot. Er suchte einen Manager für den im Nova Park Hotel zu bauenden Fitness Club, der »alles Bisherige in den Schatten stellen wird«, wie mein Kunde versicherte. Ich sah mir die Baupläne an. Die Sache sah recht verheißungsvoll aus. Endlich hätte ich einmal ein regelmäßiges und – so glaubte ich jedenfalls – gesichertes Einkommen. Ich fragte Grossmann. Und der sprach Klartext: Dann sind Sie Manager. Manager, das sind ganz gewöhnliche, wenngleich meistens überbezahlte Angestellte. Austauschbar wie ein Paar Socken. Überlegen Sie sich das gut! Als Unternehmer sind Sie frei in Ihren Entscheidungen. Entscheiden Sie richtig, werden Sie belohnt und nicht irgendein Vorgesetzter. Entscheiden Sie falsch, werden Sie bestraft und haben keinen, auf den Sie die Schuld schieben können. Manager reden oft von »unternehmerischer Verantwortung« und dergleichen. Sie alle spielen gerne Unternehmer, allerdings mit fremdem Geld. Unternehmer oder Manager, das sind zwei Welten. Zu welcher Sie gehören wollen, das können nur Sie selbst entscheiden. Vielleicht hat Grossmann bewusst übertrieben. Doch das Gespräch half mir. Ich lehnte das Angebot des Nova Park Hotels jedenfalls ab.

Muskeln mit Herz aus Afrika
1973

In Frankreich und damit auch in der französischsprachigen Schweiz kannte man schon lange, bevor die Amerikaner das Bodybuilding auf den Kontinent brachten, eine vergleichbare Form des Krafttrainings unter der Bezeichnung Culture physique athletique. Ich fand den Kontakt über Deutschschweizer, die in der Französischen Schweiz lebten. Zu meiner Überraschung gab es da schon seit ein paar Jahren eine »Féderation« mit Ausbildungs- und Veranstaltungsstatuten und einem Vorstand. Nun fühlte ich mich endlich nicht mehr allein. Ich wurde dort Mitglied, machte das Diplom als »Moniteur de Culture Physique« und wurde als willkommener Vertreter der deutschsprachigen Schweiz in den Vorstand gewählt. Ich wurde beauftragt, in Anlehnung an das französische Modell einen deutschsprachigen Ausbildungskurs für Trainer zu entwickeln. Der Auftrag entsprach mir vollkommen. Endlich bot sich die Gelegenheit, mein gesammeltes Material zusammenzufassen und wirksam werden zu lassen.

Doch das Glück währte nicht lange. Die wachsende Deutschschweizer Fraktion drängte auf einen Anschluss an die IFBB (International Federation of Bodybuilding), dem internationalen, aber im Grunde genommen amerikanischen, rein kommerziellen Verband der Bodybuilder. Damit zeichnete sich eine Kursänderung ab. Der gesundheitliche Aspekt geriet zugunsten publikumswirksamer Meisterschaften und des Verkaufs von Nahrungszusätzen in den Hintergrund.

Denn Präsident dieses Verbandes war Joe Weider, ein überaus tüchtiger Geschäftsmann. Es war der Beginn des absehbaren Dopingelends. Ich hielt mich ob dieser Entwicklung mit meiner Sicht der Dinge nicht zurück und äußerte vehement meine Bedenken, was wiederum einige Vorstandsmitglieder veranlasste, mir den Austritt zu empfehlen. Es war wieder an der Zeit, meinen eigenen Weg zu gehen.

Trotz meines Austritts aus dem Verband fand ich die Grundidee des Bodybuildings nach wie vor gut. Keine andere Sportart oder irgendwelche sonstigen körperlichen Betätigungen können für sich in Anspruch nehmen, derart ausgewogene und sinnvolle Entwicklungen des Körpers anzustreben und zu erreichen.

Eines Abends brachte ein Gast einen Afrikaner namens Jackson mit zum Training, der aus Kenia stammte und illegal in der Schweiz weilte. Er war Bodybuilder, und obwohl er den Titel »Mr. Kenia« gewonnen hatte, wollte er nicht mehr in seine Heimat zurück. Eine Erscheinung wie Jackson kannte man hierzulande bis dato nur aus Comics oder Abenteuerfilmen: Groß, enorm muskulös, ein schönes, freundliches Gesicht und ein angenehmer Bariton. Jackson wollte bei mir als Trainer arbeiten. Und ich stellte ihn gerne ein. Nach seinem Dienst trainierte er dann unter meiner Leitung. Er hielt sich genau an meine Anweisungen – und machte enorme Fortschritte.

Jackson war sehr religiös und nahm deshalb aus innerer Überzeugung keine Drogen. Ich hatte die Absicht, mit Jackson zu beweisen, dass man auch ohne Drogen »Mr. Universum« werden könne. Während der Bodybuilding-Meisterschaft 1981 in London saßen wir mit Mike Mentzer, einem Spitzenbodybuilder, zusammen, der fast alle Titel, die es gab, gewonnen hatte. Seine erste an Jackson gerichtete Frage lautete: »Warum nimmst du keine Drogen?« Und Jackson erläuterte seine religiösen Motive. »Schade«, meinte Mike. »Du hast zweifellos eine außergewöhnliche Veranlagung. Aber ohne Drogen schafft es keiner an die Weltspitze.« In London wurden jeweils nur die ersten sechs einer Gewichtsklasse prämiert. Jackson war nicht dabei.

Ein Jahr später fand die Weltmeisterschaft in Graz statt. Jackson wurde Fünfter. Trotz dieses Erfolges muss ich Mike Mentzer im Nachhinein Recht geben: Drogen verbreiteten sich immer schneller. Es kamen sogar zunehmend Medikamente aus der Veterinärmedizin in Gebrauch, die das Knorpelwachstum förderten. Bodybuilder sahen sich immer ähnlicher: spitze Nase, spitzes Kinn, verdickte Fingergelenke. Zeit für Jackson und für mich, dieser Szene den Rücken zu kehren. Jackson arbeitete zehn Jahre bei mir. Er war ungeheuer beliebt bei den Gästen und wurde fast wie ein Mythos bewundert. Heute betreibt er sein eigenes Bodybuilding-Studio im Norden von Zürich.

Meine Erfahrungen und Beobachtungen in der Bodybuilding-Szene haben mir jedoch interessante Einsichten ermöglicht. Das Bodybuilding zeigt wie kaum eine andere Sportart die genetische Bedingtheit des sportlichen Erfolges. Nur ganz wenige Menschen haben die Veranlagung zu jener extremen Muskelausbildung, die Spitzenbodybuilder aufweisen. Die stets kolportierte Geschichte vom kränklichen Schwächling, der sich mit eisernem Willen zum vor Gesundheit strotzenden Muskelpaket entwickelt hat, ist ein romantisches Märchen. Das Potenzial eines solchen biologischen Grenzfalls ist früh erkennbar, unter anderem schon rein äußerlich am Verhältnis des Muskelbauches zur Länge des Sehnenanteils. Zu Recht wird auch stets die Frage nach dem gesundheitlichen Sinn einer derartigen Entwicklung gestellt. Die Extreme »Bodybuil-

Jackson – »Mr. Kenia«

der« und »Triathlet« (Extremausdauersportler) stellen die beiden Endpunkte einer Skala dar. Hier ein riesiges Blutversorgungsgebiet, eben die Muskeln, zu ungeheurer Kraftentwicklung fähig, aber mit einem permanenten, auch in der Ruhe hohen Sauerstoff- und Nahrungsbedarf, dort ein Herz auf zwei dünnen Beinen, mit einer vom Energiestoffwechsel abgebauten Skelettmuskulatur am ganzen Körper. Extreme Ausdauerleistungen führen zum Abbau von weißen Muskelfasern und Knochensubstanz, da der Körper sich in einer Notsituation befindet und alles, was er nicht unmittelbar benötigt, in Energie umwandelt. Weder das eine noch das andere Extrem ist sinnvoll, es sei denn, die Lebensumstände erfordern gewaltige kurzfristige Krafteinsätze beziehungsweise extreme Ausdauerleistungen. Die Gesundheit liegt – wie so oft – in der

Ausgewogenheit. Wer eine extreme Muskulatur aufweist, dessen Kreislaufsystem ist langfristig überfordert. Wer zu schwach ist, bekommt Probleme mit dem Bewegungsapparat.

Die Bodybuilding-Szene zeigte mir, wie ein ganzes Fachgebiet mit eigener Empirie und eigener Ätiologie fernab vom etablierten Wissenschaftsbetrieb, sozusagen im Untergrund, entsteht und sich weiterentwickelt. Erkenntnisse, die heute als »neu« bezeichnet und publiziert werden, sind ein »alter Hut«.

Dem Bodybuilder Jackson verdanke ich jedoch noch eine andere Erkenntnis, die ich ohne ihn wohl kaum je gewonnen hätte. Auf den Reisen zu den Meisterschaften oder anderen Anlässen erzählte er mir aus seiner Heimat. Wie sein Vater ihn in Nairobi beim Training besuchte und ihn schließlich fragte: »Wie viel bezahlen sie dir für diese Arbeit?« Oder wie seine Mutter Kaffee anpflanzt und erntet. Jackson war kein politischer Mensch. Trotzdem – oder vielleicht gerade deshalb – wurde mir aus seinen Erzählungen eines immer klarer: das Ausmaß der Arroganz und Ignoranz, mit der die Kolonialmächte versuchten, einer über Jahrtausende gewachsenen Stammeskultur die Idee des nationalen Staates aufzupfropfen. Jahre später, als ich Dakar und den Süden des Senegal besuchte, verdichtete sich bei mir die Gewissheit, dass jeder Weiße, der Afrika wirklich helfen möchte, es verlassen sollte. Denn das Elend Afrikas wurde wesentlich durch die weißen Imperialisten verursacht. Die Plünderung der Bodenschätze und der Sklavenhandel bilden die Grundlagen für den Reichtum Europas und Nordamerikas.

»Aerobics«
1973

1968 war das Buch »Aerobics« von Dr. med. Kenneth H. Cooper erschienen. Die deutsche Ausgabe erschien 1970 unter dem Titel »Bewegungstraining«. Cooper war Leiter des medizinischen Labors für Raumfahrt in Texas und trainierte die Astronauten, die am 21. Juli 1969 zum Mond flogen. Die Empfehlungen Coopers bezogen sich ausnahmslos auf Ausdauersportarten. Krafttraining fand er damals nicht nur überflüssig, sondern auch der Gesundheit nicht förderlich. Cooper profitierte von der Mondfahrthysterie, und so begann alle Welt zu laufen. Ich auch. Im Laufen sah ich eine sinnvolle Ergänzung zum Krafttraining. Allmählich stellte ich jedoch fest, dass meine laufenden Freunde mehr und mehr Probleme bekamen; mit den Knien, den Hüftgelenken und vor allem mit dem Rücken. Im Kielwasser Coopers erschienen weitere Bücher deutscher Epigonen. »Laufen ist doch so gesund und natürlich«, bekam ich zu hören und zu lesen. Laufen wurde zu einem Boom, der bis in die Neunzigerjahre anhielt. Im Gegenzug wurde Krafttraining an Geräten als »unnatürlich«, »mechanisch« und risikoreich betrachtet. Physiotherapeuten ängstigten ihre Patienten mit der Warnung vor »falschen« Bewegungen, als ob es so etwas gäbe. Als schließlich eigens ein medizinischer Kongress unter dem Titel »Des Läufers Kreuz« durchgeführt wurde, kam mir diese Lauferei zunehmend als eine Art Massenpsychose vor. Ich ging daran, mich mit den entwicklungsgeschichtlichen Voraussetzungen des Laufens auseinander zu setzen. Ich vertiefte mich in die »Entstehung der Arten« (1859) von Charles Darwin, studierte die Forschungsarbeiten von Richard Leakey und Roger Lewin und deren Hauptwerk »Wie der Mensch zum Mensch wurde« (1978) und begann die Anatomie des menschlichen Fußes unter mechanischen Gesichtspunkten zu betrachten, um zu der simplen Einsicht zu gelangen: Wir sind keine Lauftiere. Wir sind eine Affenart, deren Bewegungsrepertoire Gehen und Kauern, Hangeln und Klettern, nicht aber längeres Laufen oder Rennen umfasst. Laufen ist eine Zumutung für den Rücken und die Gelenke des Unterkörpers. Tests zeigen, dass beim Laufen Kräfte auf die Gelenke wirken, die bis zum Sechsfachen des Körpergewichts betragen. Kein Wunder, dass die Gelenke so etwas nicht ein Leben lang mitmachen.

Doch das »Jogging« verbreitete sich in erstaunlichem Tempo, ein materieller Segen für die Fitnessindustrie. Laufbänder, Ergometer, »Stepper« und andere sinnige und unsinnige Geräte konnten in hohen Stückzahlen produziert werden.

Ich jedenfalls konnte einem reinen Ausdauertraining in Innenräumen nichts abgewinnen. Das Einzige, was man für ein Ausdauertraining benötigt, ist frische Luft. Ich empfahl allen, die nach solchen Geräten fragten, Schwimmen zu gehen oder Rad zu fahren oder auch einem Sportverein beizutreten, denn die meisten Sportarten sind Ausdauersportarten. Als dann in den Studios unter der Bezeichnung »cardio theater« Fernsehbildschirme über den Ausdauergeräten die Trainierenden mit unsagbar dummen Präsentationen zu motivieren suchten, war für mich die Schwelle zur »Orwellisierung« überschritten. Wer unbedingt Geld in ein Ausdauergerät investieren will, dem empfehle ich die Anschaffung eines Springseils.

Ortung meiner gesellschaftlichen Position: Vermicelle

1974

Ich sitze im Lesesaal der Bibliothek des Universitätsspitals. Die kleinen Leselampen beleuchten jeden Leseplatz separat. Ich bin in die »Heilgymnastik« (1903) von Max Herz vertieft, ein grundlegendes Fachbuch. Als ich aufschaue, bemerke ich am Tisch gegenüber ein Gesicht, das ich zu kennen glaube, jedoch meinem Bekanntenkreis nicht zuordnen kann. Das schöne, energische Gesicht einer jungen Frau. Auch sie schaut auf. Unsere Blicke treffen sich kurz. Dann senkt sie wieder den Blick. Vielleicht ein Zufall, denke ich, stehe auf und hole mir einen Kaffee vom Automaten. Danach vertiefe ich mich wieder in mein Buch. Als ich erneut aufschaue, steht sie neben mir. »Elefantiasis!«, sagt sie und lacht das breite Lachen, das mir so bekannt vorkommt. Die Apothekergehilfin. »Was machst du denn hier, an diesem todlangweiligen Ort? Ich dachte, der sieht doch dem Elefantiasistyp von damals verdammt ähnlich. Aber hierher würde sich der ja wohl kaum verirren. Doch als du eben hinausgegangen bist, wusste ich: Der ist es.« Ich weiß erst nichts zu sagen. Aber zum Lesen habe ich jetzt auch keine Lust mehr. »Lass uns ein Vermicelle essen; die schließen den Laden hier ohnehin um sechs«, schlage ich vor.

Im »Zeughauskeller« erzählen wir uns unsere Geschichte. Sie studiert Pharmazie. Nach ihrem Studium wird sie Apothekerin sein. Den Doktor will sie auch noch machen. Ich bin beeindruckt und schweige. »Was machst du eigentlich? Ich meine, ich wusste auch damals nicht, was du treibst. Du kamst mir irgendwie vor wie – nimm es bitte nicht persönlich – wie einer vom Zirkus. So mit Tieren oder Akrobatik.« Ich unternehme erstmals den Versuch, mein Projekt mit wenigen Worten präzise zu erläutern. »Training mit Gewichten, für alle Muskeln. Nicht einfach Gewichtheben. Nein. Ich baue auch Apparate, damit man nicht ausweichen kann.« Sie schaut mich mit ihren großen, schwarzen Augen an, als hätte ich ihr ein Rätsel aufgegeben. »Nicht ausweichen«, wiederholt sie. »Ja, weißt du, das geht so. Wenn du, sagen wir, ein schwaches und ein starkes Bein hast – nach einer Operation oder einem Unfall – was machst du, wenn du gehst und stehst? Du belastest unbewusst das starke Bein und schonst das Schwache. Und was passiert dann? Das schwache Bein wird schwächer und schwächer.« Jetzt scheint sie zu verstehen. »Krankengymnastik machst du. Im Prinzip, meine ich. Klar, Bewegung ist gesund. Was ich nicht verstehe: Wozu brauchst du da Gewichte? Hängst du die an die Patienten?« Die Serviererin bringt die Vermicelles, mit Rahm und einer Kirsche obendrauf. »Bewegung«, beginne ich zu dozieren, »Bewegung ist weder gesund noch krank. Bewegung hat keine Qualität. Die Qualität erhält die Bewegung durch den Widerstand, der sich ihr entgegensetzt. Jeden Morgen, wenn du aufstehst, überwindest du den Widerstand der Erdanziehung. Wenn die Typen, die auf dem Mond spazieren waren, länger dort geblieben wären, hätten sich ihre Muskeln und wahrscheinlich auch ihre Knochen zurückgebildet, unabhängig davon, wie viel sie sich bewegt hätten. Die Masse des Mondes ist viel kleiner als die der Erde und damit der Widerstand für die Muskeln geringer.«

Sie stochert im Vermicelle herum, als suche sie etwas. »Aber du machst doch sicher noch was anderes, ja?« Ich verstehe ihre Frage nicht, nachdem ich ihr alles, was mich bisher

Ortung meiner gesellschaftlichen Position: Vermicelle

beschäftigt hat, erklärt habe. »Etwas anderes? Nein. Ich kann jetzt knapp davon leben und finde das prima. Ich möchte nichts anderes machen. Es macht einfach riesigen Spaß zu sehen, wenn es den Leuten, die ich trainiere, besser geht.« Ich meine etwas wie Mitleid in ihrem Blick zu erkennen. »Wenn du darin deinen Lebensinhalt findest, na ja. Warum nicht?« Ich spüre: Bei ihr bin ich nun unten durch. Ein netter, aber nicht besonders intelligenter Turner oder so ähnlich, denkt sie wohl. Ich bezahle. Draußen trennen sich unsere Wege. Ich hoffe auf einen Kuss, wie damals. Aber sie reicht mir nur ihre Hand. Ich werde sie übrigens nie mehr wiedersehen und weiß nicht einmal ihren Namen.

Was aber hat es mit dieser Begegnung auf sich? Ich werde mir vielleicht zum ersten Mal bewusst, dass ich in einer bestimmten Weise unattraktiv bin. Ich bin kein Kandidat für Frauen wie die ehemalige Apothekergehilfin, die nun wohl schon lange Apothekerin ist. Kein Studium, keine Anstellung, kein rechter Beruf mehr, keine Sicherheit – nichts als eine unendliche Wüste von Ungewissheiten vor mir. Ich habe das Förderband gesellschaftlichen und beruflichen Aufstiegs endgültig verlassen. Der Preis für die Freiheit ist die Sicherheit, lautet meine heroisch klingende, aber immerhin einigermaßen tröstlich empfundene Schlussfolgerung.

Die seltsamen Gäste des Eisens
1975

Jäger und Gejagte

Einige meiner Gäste waren Polizisten. Die hatten meistens eine Schusswaffe bei sich. Dann kamen auch Gäste, die Schusswaffen trugen, aber keine Polizisten waren. Damals gab es in meinem Studio noch keine Kleiderspinde, sondern lediglich Kleiderhaken, so dass die Gäste ihre Wertsachen und ihre Waffen bei mir am Tresen abliefern mussten, damit ich alles in einen Schrank sperren konnte. Ab und zu glich der Schrank einem Waffenlager. Dass ich die Dinger unterscheiden und ihren Besitzern zuordnen konnte, verdankte ich meiner Erfahrung bei Glaser & Co. Das »friedliche« Beisammensein von Jägern und Gejagten beim Training führte allerdings manchmal zu recht seltsamen Situationen. Einmal kam einer meiner Gäste, bevor er zur Dusche ging, zu mir. Hinter vorgehaltener Hand und mit einer Kopfbewegung in Richtung eines Mannes, der gerade an der Zugmaschine übte, flüsterte er mir zu:»Schicken Sie den bitte weg, während ich dusche. Sonst muss ich ihn verhaften, obwohl ich jetzt Feierabend habe. Der ist nämlich zur Fahndung ausgeschrieben.« Ich tat, wie mir geheißen. Der Gast verschwand für eine halbe Stunde – bis der Polizist weg war. Dann setzte er sein Training in aller Ruhe fort.

Franz und Robert waren Trainingspartner. Es war nämlich sinnvoll, einen Partner zu haben, um sich beim Training gegenseitig zu helfen. Zur Intensivierung der Übungen wurden die Wiederholungen oft so ausgedehnt, dass der Partner bei der Aufwärtsbewegung half, nicht aber beim Herunterlassen der Gewichte. Aus physiologischen Gründen kann man ein schweres Gewicht »leichter« heben als senken. Das Senken ist aber, wie viele Fachleute glauben, der produktivere Teil einer Übung. Franz und Robert kamen jedenfalls stets gleichzeitig ins Studio. Obwohl sie sich in ihren Alltagskleidern auffallend unterschieden – Franz in Jeans und Lederjacke, Robert in dunklem Anzug –, waren diese Unterschiede beim Training nicht mehr sichtbar. Denn beide trainierten in ausgewaschenen Trainingsanzügen und verfügten auch über etwa gleiche Körperkräfte, was insofern wichtig ist, als sich dadurch ein ständiges Wechseln der Gewichtsplatten erübrigt. Wenn einer von ihnen noch fehlte, wartete der andere auf ihn, bis sie gemeinsam ihr Training beginnen konnten. So ging das wohl mehr als ein Jahr. Natürlich duzten sie sich schon lange, machten ähnlich derbe Witze und verstanden sich auch sonst prächtig.

Eines Morgens aber stand Franz alleine vor mir. »So früh, Franz? Was ist los?« In der Regel sah ich Franz und Robert immer erst abends. »Ich muss dich sprechen«, meinte Franz. »Da ist eine ganz blöde Sache passiert. Ist mir alles furchtbar peinlich.« Ich konnte mir natürlich nicht vorstellen, was Franz peinlich sein könnte. Ich wusste nur, dass er ein Produkt dieses Stadtteils war und zwei »Damen« für ihn auf den Strich gingen, allerdings nur »feine Freier« akzeptierten. Das jedenfalls hatte mir Franz einmal versichert, als ich ihn arglos nach seiner Erwerbstätigkeit fragte. »Es ist wegen Robert«, gestand er. »Ich kann mich hier nicht mehr sehen lassen.« Ich verstand noch immer nicht. »Was ist los mit dir?«, wollte ich ungeduldig wissen. Franz setzte sich und versuchte, sich eine Zigarette anzuzünden, steckte sie dann aber hinter sein rechtes Ohr, als ihm einfiel, dass im Studio natürlich nicht geraucht werden darf.

»Also, pass auf. Heute Morgen musste ich zu einer Gerichtsverhandlung, du weißt ja, wegen Zuhälterei und so. Mein Fall steht ja nicht allzu schlecht. Ich geh also aufrecht in den Gerichtssaal. Warst du schon mal dort? Das ist ja ne richtige Bühne, mit einem regelrechten Aufbau: unten die Schreiberlinge, dann noch ein paar Leute und zuoberst thront, über allen anderen, der Richter. Ich geh also da rein, schau mir die Schreiber an und dann nach oben, zum Richter. Und ich dachte, ich träume. Da sitzt ROBERT! Dieser Arsch ist Richter! Mein Richter!«

Da konnte ich nicht mehr an mich halten. Ich musste furchtbar lachen. Franz aber schaute mich mit großen Augen an. »Findest du das etwa lustig?« Ich musste mir die Tränen abwischen. »Ja, du, das finde ich rasend komisch. Aber, sag mal, wie reagierte denn Robert?« Franz starrte vor sich hin und gestand dann: »Ich weiß gar nicht mehr, was er sagte. Ich war so belämmert, wie hypnotisiert. Ich weiß nur noch, dass die Sitzung vertagt und mir gesagt wurde, dass ich wieder vorgeladen würde.« Robert ist übrigens nie wieder beim Training erschienen. Franz aber fand einen neuen Partner. Jahre später machte er sein eigenes Trainingsstudio auf.

»Er muss arbeiten lernen«, meinte Max Putmann, ein Psycho-
therapeut, der einen jungen Mann, Sohn schwerreicher Eltern, betreute. »Könnte er nicht eine Zeit lang bei dir im Studio helfen? Du zahlst ihm einen Lohn und seine Eltern zahlen
ihn dir zurück, ohne dass er davon etwas erfährt.« Welch eigenartige Konstruktion, dachte ich. »Wenn der arbeitet, muss
ich doch nicht seinen Lohn zurückhaben.« – »Er kann aber
nichts, gar nichts. Du musst ihm alles beibringen. Er ist von
Kindheit an so verwöhnt worden, dass er absolut unfähig ist,
auch nur die einfachsten Arbeiten auszuführen.« Ich stellte
mir also einen ängstlichen jungen Mann mit traurigen Augen
vor. »Versuchen können wir es ja«, meinte ich. »Das ist
prima«, entgegnete Max. »Ich werde ihn morgen um fünf
Uhr, nach seiner Sitzung bei mir, gleich hierherschicken.«

»Guten Tag, Herr Kieser. Mein Name ist Wagner, Karl
Wagner. Ich bin begeistert, für Sie arbeiten zu dürfen.« Vor
mir stand ein stattlicher junger Mann mit strahlenden Augen,
im englischen Maßanzug mit feinem Hemd und Krawatte.
»Sie sind …?« Ich war unsicher, wie ich reagieren sollte. Ein
Scherz, eine Verwechslung? »Ja, ich komme gerade von Doktor Putmann. Er hat mir viel von Ihnen erzählt. Er meint,
dass Sie meine Dienste gut gebrauchen könnten.« – »Sicher,
sicher«, erwiderte ich und überlegte schon, welche »Dienste«
ich ihm denn abverlangen könnte. »Wissen Sie, Herr Wagner, bei uns gibt es nur ganz einfache Arbeiten. Duschen reinigen, Geräte einsammeln, Ketten ölen und ähnliches.« –
»Kein Problem für mich. Können wir gleich beginnen?«
Hugo, mein Gehilfe beobachtete die Szene, wie man eine
Theatervorstellung beobachtet, bei der man sich ständig fragt:
»Was kommt denn nun als Nächstes?«

Wagner arbeitete einige Wochen bei uns. Und es stellte sich heraus, dass er absolut unfähig war, auch nur die simpelsten Arbeiten durchzuführen, etwa Fliesen mit einem feuchten Lappen abwischen, Drucksachen falten und verpacken oder die Geräte an den für sie bestimmten Platz zurückstellen. Als er einmal in Geldnot war und einen Vorschuss forderte, verweigerte ich ihm den. Da bat er mich, vom Studio aus jemanden anrufen zu dürfen, was ich ihm selbstverständlich erlaubte, wenn ich mich auch fragte, wen er nach 19 Uhr noch um Geld bitten könnte. Seine Bank sicher nicht, glaubte ich, da Banken um diese Zeit längst geschlossen haben. Er telefonierte jedoch, ging fort und kam nach etwa einer Stunde wieder zurück. »Na, hat alles geklappt mit der Bank?« – »Alles in Ordnung. Ich habe das Geld erhalten.« Das gibt es doch nicht, dachte ich. »Kennen Sie denn den Direktor der Bank oder sonst jemanden dort? Die Bank öffnet doch nicht, um einem Kunden ein paar Geldscheine auszuhändigen?«, fragte ich verständnislos. »Es ist eben meine Bank«, meinte Wagner. »Natürlich ist es Ihre Bank, auch ich habe meine Bank.« Wagner schaute auf: »Nein, nein, ich meine, ich bin der Besitzer der Bank. Sie gehört mir.«

Ich beschäftigte also einen Bankier mit Duschen reinigen und Hanteln einsammeln, Tätigkeiten, zu denen er jedoch kaum taugte. Darüber hinaus war er ebenfalls völlig trainingsuntauglich. Er schaute zwar anderen begeistert beim Training zu, blieb aber selbst stets passiv. Deshalb war ich froh, als mir Wagner nach einigen Wochen eröffnete, nach Brasilien gehen zu wollen, wo sein Onkel eine Hühnerfarm leitete. Und natürlich gehörte auch diese Hühnerfarm ihm, Wagner. Als er mich schließlich verlassen hatte, bat ich Max Putmann eindringlich, mir keinen seiner Patienten mehr als Aushilfe zu schicken.

Er trug einen schwarzen Umhang und einen großen Hut, war von stattlicher Statur, schlank und Doktor der Zahnmedizin. Er bewegte sich ostentativ elegant und in einer Weise, dass sich niemand gewundert hätte, wenn er plötzlich einen Degen unter seinem schwarzen Cape hervorgezogen hätte und »en garde« gerufen hätte. Kurz: ein Bild von einem Mann. Während des Trainings trug er ständig ein Skizzenbuch mit sich herum. Zwischen den einzelnen Übungen saß er auf einer Trainingsbank und machte fleißig Notizen. Allerdings nicht über sein Training. Das vollzog sich sozusagen von selbst, neben seiner Schreibtätigkeit. Wie ich später erfuhr, schrieb er sechzehn Jahre lang an einem Roman. Und genau deshalb dauerte sein »Training« an Tagen, an denen sein Gedankenfluss nicht recht in Gang kam, bis zu drei Stunden. Schließlich aber erschien der Roman. Als ich ihn las, wurde mir klar, warum er immer so lange »trainierte«. Er verarbeitete das Geschehen im Studio in seinem Roman, dessen Titel »Kalibaba – oder die Elternlosen« lautet und dessen Autor Urs Oberlin heißt. Es war meines Wissens die erste literarische Erwähnung meines Unternehmens. Später tauchten dann weitere auf, so in Anne Chaplets spannendem Krimi »Caruso singt nicht mehr« (1999) oder im Achtundsechziger Roman »Keiner war's« (2001) von Isolde Schaad, deren Beschreibung ich als besonders originell empfinde:

> *»Zu Kieser geht man, wie man zum Schuster geht, ein Handwerk braucht keine Sinnfrage zu stellen, es ist schon bei seinen Leisten. Die Einrichtung macht keine Umstände wie in anderen Fitnessstudios. Was ist der Mensch? Der Mensch ist ein Haufen von Fleisch und Knochen, ein Gezweig von Muskeln, Sehnen,*

Organen, das muss immer wieder gerichtet werden und neu ver-
strebt. Hier ist jeder sein eigener Kunde, seinem Fleisch verpflich-
tet, das ja aus sich heraus will, es ist ein Hindernislauf des Ske-
letts.«

Spitzensportler

Seit dem Artikel in der NZZ 1966 war mein Studio zu einer
Art Geheimtipp unter Hochleistungssportlern geworden. Eines Morgens stand ein schlaksiger Junge vor mir. »›Wie heißt
du?‹ – ›Dani.‹ – ›Und warum kommst du hierher?‹ – ›Ich will
Weltmeister im Armbrustschießen werden.‹« Aha, dachte ich.
Vier Jahre später war Daniel Nipkow Weltmeister im Armbrustschießen. Dani steht als ein Beispiel für viele Hochleistungssportler: Er wurde nicht in erster Linie Weltmeister,
weil er Krafttraining betrieb, sondern weil er zwei für das
Schießen entscheidende neurophysiologische Eigenschaften
mitbrachte: ein gutes Auge und eine ruhige Hand. Eigenschaften, die kaum trainierbar sind. Die durch das regelmä-
ßige Training zusätzlich erworbene Kraft verschaffte ihm jedoch möglicherweise den entscheidenden Vorteil gegenüber
seinen Konkurrenten, die über dieselbe genetische Ausstattung, aber über weniger Kraftreserven verfügten.

Mir wurde wieder einmal klar: Viele Spitzensportler stellen
eine Auslese von genetisch Spezialisierten dar. Natürlich reichen die Gene allein nicht aus. Ohne Training gelangt kaum
einer an die Spitze. Aber kein Training kann den Mangel an
genetischer Eignung kompensieren. Körpergröße, Beinlänge
in Relation zur Rumpflänge, günstige Sehnenansätze, Reakti-
onsgeschwindigkeit etwa sind unveränderbare, jedoch entscheidende Faktoren für den Erfolg im Sport. Um eine Sport-

art erfolgreich zu betreiben, stellt die überdurchschnittliche, ja nachgerade »abnormale« Eignung eine notwendige Bedingung dar.

Diese Beobachtungen brachten mich ins Grübeln. Ich dachte, dass es doch nicht sinnvoll sein kann, eine genetische Disposition, die sich ja nicht nur durch Vorteile auszeichnet, durch Training noch weiter zu treiben. Das von Natur aus muskelschwache Langstreckentalent würde besser daran tun, seine Kraft zu entwickeln, statt einen Teil seiner ohnehin relativ wenigen Muskelfasern dem Energiehaushalt zuzuführen, denn extensive Ausdauerleistungen führen zum Abbau von Muskel- und Knochengewebe. Umgekehrt wäre es dem stark muskulös Veranlagten zuträglich, eine Sportart zu betreiben, die sein Blutversorgungsgebiet nicht noch weiter vergrößert, sondern dessen Versorgung verbessert. Das Langstreckentalent wird zwar nie eine Bodybuilderfigur entwickeln und der Muskelmensch wird keinen Triathlon gewinnen; aber ihre physikalischen und gesundheitlichen Daseinsbedingungen könnten beide erheblich verbessern.

In dieser Zeit wurde es Mode, Sportler in Mannschaften zusammenzufassen, um »Teamgeist« zu bilden. Was bei Mannschaftssportarten eine unabdingbare Voraussetzung für den Erfolg darstellt, sollte nun auf Einzelsportarten wie Gewichtheben, Boxen und Judo oder Schießen und Skifahren übertragen werden. Dieses Bestreben, Einzelsportler in einem Kollektiv zusammenzufassen, ja zusammenzuschweißen, entsprach dem damaligen Zeitgeist, der den Individualismus zugunsten des erhofften Teamgeistes in den Hintergrund drängte. Aber diese ideologisch gefärbte Tendenz ging gründlich an der Wirklichkeit verschiedener Sportarten vorbei. Denn wer eine Einzelsportart wählt, will ja offensichtlich gerade nicht in einem Kollektiv aufgehen. Und tatsächlich sind solche Athleten häufig eher nach innen gekehrte Menschen. Diese in ein Kollektiv zu zwingen musste einfach schiefgehen.

Eines Tages nahm auch Peter Müller, ein äußerst erfolgreicher Skirennfahrer – Weltmeister im Abfahrtsrennen – sein Training bei mir auf. Der eigentliche Grund dafür war eine Schulterverletzung, deren Heilung mit spezifischen Kräftigungsübungen beschleunigt werden sollte. Solchen Sportlern empfahl ich meistens ein Ganzkörperprogramm, da die spezifischen Übungen allein nicht ausreichten, um die physiologischen Aufbauprozesse zu beschleunigen. Der Skifahrer jedenfalls gewann zusätzliche Kraft, seine Verletzung heilte rasch aus, und die neue Kraft zeigte ihre Wirkung bei den nachfolgenden Rennen. Aber dann wurde das nationale »Ski-Team« zu einem dreiwöchigen »Trainingslager« zusammengezogen.

Nachdem Peter aus dem Lager zurückgekommen war, stellten wir einen Kraftverlust von nahezu zwanzig Prozent fest. Als ich ihn fragte, was sie genau trainiert hätten, erzählte er mir, wie sie »geschlaucht« worden seien und alle froh gewesen wären, als das Lager endlich zu Ende war. Für mich war das ein klarer Fall von Übertraining. Die Idee, in drei Wochen mit vermehrtem Aufwand physiologische Prozesse zu beschleunigen, erwies sich als blanker Unsinn; solche Prozesse lassen sich zwar optimieren, aber nicht beschleunigen. Der Trainingseffekt zeigt sich ja nicht während des Trainings, sondern erst danach, in der Erholungsphase und letztlich erst im Wettkampf. Ich redete mit dem Nationaltrainer der Ski-Asse, der für das Trainingslager verantwortlich war, und zeigte ihm anhand von Peters Trainingskarte dessen Kraftverlust auf. Er aber hielt das für weniger wichtig, als den Teamgeist der Mannschaft zu stärken. Wie viel und ob der überhaupt dazu beiträgt, den Kräften, die auf der Piste auf Gelenke und Muskeln einwirken, zu widerstehen, konnte er mir allerdings nicht sagen. Auf der Piste aber steht der Athlet ganz allein.

Nach und nach kam ich zur Überzeugung, dass Sport keineswegs so ›gesund‹ ist, wie das viele glaubten und auch heute noch glauben. Sport bedeutet vielmehr eine Zumutung für den gesamten Bewegungsapparat. Und es bedeutet ebenfalls einen Unterschied, ob ich eine sportliche Leistung verbessern will, etwa durch Krafttraining, oder ob ich den Körper auf mögliche Gefahren des Sports vorbereiten möchte. Im ersten Fall muss ich die genetisch vorgegebene »Einseitigkeit« noch verstärken, im zweiten Fall muss ich sie durch die Entwicklung anderer Fähigkeiten kompensieren.

Ich entschied mich für die gesundheitliche Variante. Denn diese ist in jedem Fall von Nutzen – und zwar auch noch nach einer Karriere als Spitzensportler. Bei mir jedenfalls trainierten Athleten der verschiedensten Disziplinen nach fast identischen Trainingsprogrammen. Der zum Teil überwältigende sportliche Erfolg dieser Sportler verstärkte meine Vermutung, dass weder die Sportart noch die Trainingsziele gravierende Unterschiede im Krafttraining erfordern.

Durchbruch einer Technologie
1972

Die Trainingsausrüstung in meinem Studio bestand bis etwa 1975 vorwiegend aus Hanteln. Aus der Geschichte der Athletik und des Zirkus wusste ich, dass Hanteln ursprünglich nicht als Trainingsgeräte, sondern als Utensilien zur Demonstration von Kraftakten verwendet wurden. Das Problem des Hanteltrainings besteht darin, dass der menschliche Bewegungsapparat sich um Drehpunkte bewegt, um die Gelenke. Hanteln aber bieten geradlinigen Widerstand, entsprechend der Erdanziehung. Der Widerstand für die einzelnen Muskeln »stimmt« nur in einem relativ kleinen Bewegungsausschnitt einer Übung. Ich versuchte deshalb mit verschiedenen Übungstechniken, diesen Mangel auszugleichen. Diese Tüfteleien beschäftigten mich damals nächtelang. Aber es handelte sich ja auch um weit mehr als nur um ein Herumprobieren mit verschiedenen Hebetechniken. Es führte zu einem Gewinn an Erkenntnis über den Zweck einer Trainingstechnologie und des Trainings überhaupt.

Eine bestimmte Trainingstechnologie soll in erster Linie ein produktiveres Training ermöglichen. Sie soll die Wirksamkeit im Verhältnis zum Aufwand erhöhen. Die äußeren Umstände des Trainings tragen demgegenüber zum Trainingseffekt nichts bei. Tätigkeiten wie beispielsweise die Bereitstellung von Gerätschaften kosten nur Zeit und Energie, die dann für das eigentliche Training fehlen. Ein weiteres Problem stellt die an sich sinnvolle Fähigkeit unseres Körpers dar,

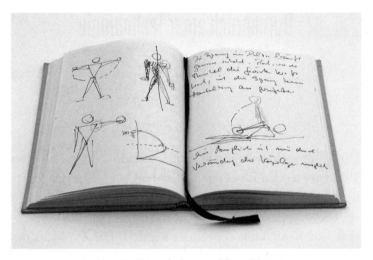

Auf der Suche nach dem perfekten Training
– meine Skizzen

Schwachstellen auf Kosten von Stärken zu entlasten. Wenn beispielsweise das linke Bein durch eine Verletzung oder durch vorübergehende Stilllegung geschwächt ist, weiß sich der Körper durchaus zu helfen: Er entlastet automatisch das schwache Bein und überlässt dem stärkeren Bein die Mehrarbeit. Wir hinken, und wir hinken im Laufe der Zeit sogar immer besser, aber wir hinken eben. Und das bedeutet auch, dass das schwache Bein schwächer und schwächer wird. Eine verhängnisvolle Abwärtsspirale. Eine Technologie des Trainings muss somit auch diese »Delegation« der Anstrengung auf stärkere Partien verhindern helfen. Der Körper muss gewissermaßen gezwungen werden, den schwächeren Teil einer zunehmenden und möglichst kontrollierten Belastung auszusetzen, damit der wieder gestärkt wird. Dass dieses Ungleichgewicht der Kräfte die Ursache der meisten Probleme unseres Bewegungsapparates darstellt, war mir damals allerdings noch nicht recht bewusst. Mit meinen selbstgebauten Apparaten und Geräten war ich zwar auf dem Weg in die richtige Richtung, aber zufrieden war ich noch lange nicht.

1972 las ich in der amerikanischen Krafttrainingszeitschrift »IRON MAN« einen Artikel von einem gewissen Arthur Jones, der behauptete, eine neue Trainingstechnologie entwickelt zu haben. Jones beschrieb ausführlich die technologisch bedingten Mängel, die dem klassischen Hanteltraining eigen waren, und wie seine Maschine – es handelte sich um die »Pullover«-Maschine – diese Mängel nicht nur eliminieren, sondern überkompensieren würde, mithin eine Trainingsqualität ermöglichte, die mit konventionellen Geräten bislang nicht erreicht werden konnte. Tatsächlich ermöglichte die »Pullover«-Maschine zum ersten Mal in der Geschichte der Körperkultur das direkte Training des großen Rückenmuskels, und zwar von der maximal möglichen Dehnung bis in die vollständige Kontraktion. Mit konventionellem Hanteltraining ist das nicht möglich, da schwächere Muskeln – Unterarme, Bizeps – dem großen Rückenmuskel »vorgeschaltet« sind. Bei Klimmzügen werden zum Beispiel die Arme müde, bevor der große Rückenmuskel trainingswirksam erschöpft, weil sie wesentlich schwächer sind.

Die amerikanische Kraftszene – Gewichtheben, Bodybuilding und American Football – befand sich seit Erfindung der Scheibenhantel in einer Art Gleichgewicht, aber auch Stillstand, was die technische Ausrüstung für das Training betraf. Es gab zwar hin und wieder kleine Verbesserungen da und dort, doch hielten sich diese – sowohl in ihrer theoretischen Nachvollziehbarkeit wie auch in ihrer pekuniären Erschwinglichkeit für den Endverbraucher – in einem eher bescheidenen Rahmen. Die Einführung der »Nautilus«-Maschinen – die man nicht mehr einfach »Geräte« nennen konnte – hat die

»Stabilität« der Szene ein für allemal zerstört und damit die Entwicklung der Fitness-Industrie eingeläutet. Jones' Erfindung war einfach und ihre Idee – historisch betrachtet – nicht einmal neu. Aus der bekannten Tatsache, dass Muskelkontraktionen Rotationsbewegungen der Knochen bewirken, sollte diesen Bewegungen sinnvollerweise ein ebenfalls rotierender Widerstand entgegengesetzt werden. Eine Scheibenhantel kann das nicht leisten, da sie nur in der geraden Richtung der Erdanziehung wirkt. Indem Jones' Maschinen den geradlinigen Widerstand der Erdanziehung über ein »Cam« – eine Excenterscheibe – umleitete, entwickelte er im Prinzip ein »Außenskelett«, das der menschlichen Bewegung einen gezielten und wohldosierten Widerstand entgegensetzt.

Während beim Hanteltraining die Muskeln unterschiedlichen Spannungshöhen ausgesetzt sind und ihnen dadurch partielle Erholungsphasen ermöglicht werden, wird das bei den Nautilus-Maschinen verhindert, da diese die einzelnen Bewegungen in allen Winkeln sozusagen »mitverfolgen«. Dadurch wird zwangsläufig eine höhere Intensität erzielt als mit konventionellen Trainingsformen.

Als ich den Artikel gelesen hatte, wusste ich: Der Mann hat mir zwanzig Jahre Erfahrung voraus. Ich verfolgte gespannt im zweimonatlich erscheinenden »IRON MAN« die Entwicklung der Firma Nautilus. In jeder Ausgabe erschien ein Artikel von Jones, der nicht nur ein begabter Ingenieur war, sondern auch spannend schreiben konnte. Schon sein erster Artikel »Speed, Resistance, Time« löste eine Lawine von Bestellungen für seine Pullover-Maschine aus. In rascher Folge entwickelte Jones zweiundzwanzig weitere Maschinentypen nach demselben Prinzip. Während eines ganzen Jahres dominierte er mit seinen Artikeln und den meist mehrseitigen Inseraten den »IRON MAN«.

Pullover-Maschine – selbst gebaut

Diese Dominanz rief interessante Kontroversen in Form von Leserbriefen hervor, die den Stand der Kraft-Szene offen legten und mir einen Vergleich mit meinem Wissensstand erlaubten. Die etablierten Hersteller konventioneller Trainingsgeräte versuchten zunächst verzweifelt, ihre Marktposition zu behaupten. Aber Jones' Argumente waren von derart überzeugender Plausibilität, dass den Mitbewerbern nur noch eine Alternative blieb: sich aus dem Markt zu verabschieden oder Jo-

Bizeps -Maschine – selbst gebaut

nes zu kopieren. Auf dem heutigen Markt sind fast alle Trainingsmaschinen mehr oder minder gelungene Kopien der ursprünglichen Nautilus-Maschinen.

Ich hatte schon frühzeitig das Nautilus-Prinzip verstanden.
Aber Amerika war weit weg und eine Anschaffung der neuen
Maschinen lag damals weit jenseits meiner finanziellen Möglichkeiten. So beschloss ich, eigene Maschinen nach diesem
Prinzip zu bauen. Auch wollte ich einfach testen, wie diese
funktionierten und wie meine Gäste darauf reagierten. Ich
konstruierte drei Maschinen: Pullover, Bizeps und Trizeps
und stellte sie in meinem Studio auf. Und meine Maschinen,
Marke Eigenbau, fanden rasch Anklang. Zunächst begegneten die Gäste den neuen Maschinen zwar mit ehrfurchtsvoller Zurückhaltung. Doch nach einigen Übungen schlug diese
geradezu in Begeisterung um.

Nach diesem Test war die Zeit für mich gekommen. Ich musste unbedingt noch mehr solcher Maschinen haben. In den USA entstanden damals die ersten Nautilus-Studios. Doch schien kaum jemand in Europa diese Entwicklung wirklich wahrzunehmen. Die Investition in eine ganze Produktlinie entsprach etwa dem Jahresumsatz meines Studios: 100 000 Dollar. Nachdem ich meinen Gästen von meinem Vorhaben erzählt hatte, überreichte mir einer meiner langjährigen Gäste, ein Doktor der Betriebswirtschaft und Controller einer großen Aktiengesellschaft, wenige Tage später ein großformatiges Kuvert mit den Worten. »Schau dir das mal genau an. In drei Monaten bist du mit der Investition, die du vornehmen willst, pleite.« Dann wendete er sich zum Umkleideraum, drehte sich aber noch einmal um und meinte: »Höchste Gefahr! Höchstens ein halbes Jahr! Überleg dir das gut!« Der Umschlag enthielt einige dicht mit Zahlen gefüllte Tabellen; eine saubere Analyse meines vorhersehbaren Bankrotts. Für den Verfasser immerhin musste der Schlusssatz eher beruhigend klingen: »Angesichts der schwachen Eigenkapitaldeckung wie der im günstigsten Falle zu erwartenden Umsatzsteigerung ist die Gewährung eines Kredites seitens einer Bank unwahrscheinlich.« Die Zahlen stimmten. Aber – so glaubte ich – die Entwicklung wird anders verlaufen als prognostiziert. Alles wird anders werden, wenn ich erst diese Maschinen habe. So redete ich mir ein, was ich dringend brauchte: die Überzeugung, das Richtige zu tun.

Arthur Jones
1978

Doch zuerst wollte ich mir einmal aus der Nähe ansehen, was es mit Nautilus und vor allem mit Arthur Jones auf sich hatte. Einer meiner Gäste, Bruno Kneubühler, Motorradweltmeister der Fünfhundertkubik-Klasse, begleitete am 7. März 1978 einen günstigen Charterflug für Motorradfans nach Daytona, dem Austragungsort weltberühmter Motorradrennen. Ich reiste zusammen mit Edgar Dalponte, meinem Trainingspartner. In Daytona mieteten wir ein Auto und fuhren zur Nautilus-Fabrik nach Lake Helen. Die Dorfstraße erinnerte mich stark an Beschreibungen in Romanen von Mark Twain. Ruhe, Spätsommerhitze, Menschenleere weckten meine Zweifel, ob wir hier an der richtigen Adresse waren. Doch am Ende des Dorfes stand die Nautilus-Fabrik. Die Straße führte direkt zum Fabrikportal. In der Eingangshalle herrschte die reinste Flughafen-Atmosphäre. Internationale Sportstars kamen und gingen. Telefone läuteten ununterbrochen.

Ich hatte mir vorgenommen, Arthur Jones eine Menge Fragen zu stellen. Der »Sales manager« Ed Farnham versprach mir, uns mit Jones zusammenzubringen. Allerdings wisse man nie, wann der Chef in der Firma erscheine und ob überhaupt. Doch wir hatten Glück, er kam. Auf den ersten Blick ein unscheinbarer, mittelgroßer Mann in den Fünfzigern. Jedoch mit hellwachen Augen und einer metallenen Stimme. »O. k. Let's talk«, schnarrte er zur Begrüßung. Keine Einladung, Platz zu nehmen; und auch drei seiner Mitarbeiter standen respektvoll

Der legendäre Arthur Jones

um ihn herum. »Die Kraftkurve Ihrer Beinstreckmaschine ist falsch«, begann ich das Gespräch. Die Mitarbeiter warfen sich kurze Blicke zu. Offenbar war es nicht geraten, Jones auf einen Fehler hinzuweisen. Aber der schaute ganz ruhig auf die Abbildung in dem wissenschaftlichen Buch über isometrisches Training, das ich ihm vor Augen hielt: mein »Beweis«. Er tippte mit dem Zeigefinger auf die Zeichnung in dem Fachbuch. »They put you in the wrong position.« Na und? Spielt das denn eine Rolle? Jones fuhr fort: »When you change the position of your spine, you change the strength-curve simultaneously.« Dieses Themas offensichtlich überdrüssig, ging er zur Tür und bedeutete uns mit einer Kopfbewegung, ihm zu folgen. »Come on, I will show you something.«

Wir gingen mit Jones zum Hinterausgang hinaus, zu einer Art Schwimmbecken, das jedoch vergittert war. »A friend of mine.« Im Becken lag ein riesiges Krokodil. Jones zählte auf, wie viel sein »Freund« täglich fresse; dass dieser ihn gut kenne und ihn demzufolge nicht anfalle, sondern ihn morgens freudig begrüße, wenn er mit dem Futter, einem großen Korb voll Brathähnchen aus dem Supermarkt, den Käfig betrete. Er würde uns gerne noch seine Klapperschlangen zeigen, aber die würden gerade von ihrem Wärter umplatziert.

Mit diesen Schlangen hatte es eine ganz besondere Bewandtnis. In einem seiner Forschungsprojekte wollte Jones die Wachstumsfaktoren von Schlangen untersuchen. Schlangen würden ausschließlich während der Sonneneinstrahlung, also am Tag, wachsen, so seine Erfahrung. Er »verlängerte« die Tage für einige junge Klapperschlangen durch eine Höhensonne. Als Folge davon stellten die Schlangen ihr Wachstum viel später ein als gewöhnlich. Schließlich wurden sie etwa fünf Mal dicker als normale Klapperschlangen. Sein Experiment war ein gefundenes Fressen für die Presse, die das Thema dankbar ausschlachtete: »Arthur Jones, the inventor of Nautilus, breads monsters«, lautete eine der Schlagzeilen. Dadurch wurde nicht nur der »Naturforscher« Arthur Jones bekannt, sondern auch seine Produkte. Eine beabsichtigte und gelungene PR-Aktion? Bei Jones wusste man nie genau, welche Absichten er mit seinen Projekten verfolgte. Später, als er einmal während einer Tagung gefragt wurde, warum er denn gerade derart gefährliche Tiere wie Klapperschlangen für sein Experiment benutzt hatte, antwortete er: »Well, think about a headline if I had created the biggest mouse in the world.«

Jones zeigte uns schließlich noch seine ganze Fabrik. Wir besichtigten die Prototypen und unzählige zur Auslieferung bereitstehende Maschinen. Für mich umgab das alles eine Aura des Wunderbaren. Hier materialisierte sich schon, wovon ich noch träumte: die erste wirkliche Technologie zur Kräftigung des Menschen. Jones zeigte sich sehr angetan von meinem technischen Interesse. Meine Fragen sprengten wohl den Rahmen des auf seiner »factory tour« üblichen, so dass er schließlich fragte, »Where have you gotten all that?« Ich schilderte ihm kurz meine Anstrengungen, brauchbare Geräte zu bauen, und meine Suche nach der perfekten Übungsform. Jones hörte mir ebenso interessiert wie konzentriert zu. Und dann kamen wir zur Sache, die mir am Herzen lag. Ich wollte mit Jones verhandeln. Doch es gab nichts zu verhandeln. Hundert Prozent Vorauszahlung. Lieferfrist drei Monate »im Normalfall«. Bei starkem Auftragsüberhang kann sich die Auslieferung bis zu sechs Monaten nach Eingang der Bestellung verzögern. Genauso stand es auch auf der Preisliste im Prospekt. Jones hatte keine besondere »Verkaufstechnik«. Er setzte einfach die Regeln, basta. Als wir mit der Tour im »research department« angelangt waren, ging Jones einfach weg und überließ uns einem Dr. Ellington Darden, dem Forschungsleiter seiner Firma. Dr. Darden erklärte uns die Maschinen und die Versuche, die er damit anstellte. Anschließend lud er uns ein, dem Training von Casey Viator zuzuschauen, dem jüngsten »Mr. America« in der Geschichte des Bodybuildings. Das konnten wir uns natürlich nicht entgehen lassen.

Viator war in der Tat eine imposante Erscheinung. Zweiundzwanzig Jahre jung, aber von einem Körperbau, der nicht von dieser Welt zu sein schien. »A genetic borderline«, stellte ihn Arthur Jones uns vor. Viator trainierte unter Jones' Aufsicht mit einer extrem hohen Intensität. Nach der sechsten Übung wurde er kalkweiß im Gesicht und musste sich setzen. »Just for a few seconds«, sagte er, als müsse er sich entschuldigen. Jones bemerkte wohl meinen besorgten Blick und dozierte: »If you have never vomited after an exercise, you simply don't know what hard training really is.« Ich wollte etwas erwidern, aber Viator setzte schon zur nächsten Übung an, den »Chins«, einer Form von Klimmzug, der jedoch durch ein zusätzlich um den Bauch geschnalltes Gewicht von 20 Kilo erschwert wird.

Viators Training war bereits nach 22 Minuten beendet. Als er sich auf eine Bank setzte, um sich auszuruhen, fragte ich ihn, ob das Colorado Experiment tatsächlich so stattgefunden hätte, wie es im »IRON MAN« beschrieben worden war. Das legendäre Colorado Experiment wurde damals weit über Bodybuilderkreise hinaus diskutiert. Casey Viator hatte nach einem schweren Unfall 24 Kilo Muskelmasse verloren. Nach zwei Jahren nahm er an der University von Colorado und unter der Aufsicht von Arthur Jones das Training in Form eines Experiments wieder auf. Er trainierte in strenger Klausur vier Wochen lang dreimal wöchentlich und gewann in dieser kurzen Zeit nicht nur die 24 Kilo Muskeln zurück, sondern setzte noch ein weiteres Kilo zu; gleichzeitig verlor er mehrere Pfunde Fett. Das Experiment zeigte zwei Sachverhalte: Erstens braucht es keine zusätzlichen Kalorien, um Muskeln aufzubauen, denn Casey Viator wurde unterkalorisch ernährt. Zweitens wird der Wiedergewinn von Muskelmasse durch das »Gedächtnis« der Zellen extrem beschleunigt. »Ja«, meinte Viator. »Genauso war es. Aber es war die Hölle. Jones hat mich erbarmungslos durch das Programm gejagt. Ich hungerte und durfte nicht hinaus.«

Feierabend bei Nautilus. Ich ging mit Ellington Darden ins Bistro, um ihm meine Pläne zu erläutern. »Ich werde eine Kette von Studios aufziehen, ausschließlich für hochintensives Training an Nautilus-Maschinen. Keine Sauna, keine Saft-

Body Weight 166,87 Lbs.

Body Weight 212,15 Lbs.

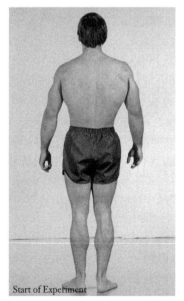

Start of Experiment

End of Experiment, 28 Days Later

Casey Viator: Wiederaufbau von 26 Kilo Muskeln in vier Wochen

bar, kein gar nichts. Nur Training, hartes Training.« Ellington hörte mir interessiert, aber auch etwas amüsiert zu. »Fine«, sagte er schließlich, »if you can afford it.« Er meinte, dass mein Konzept wunderbar sei, logisch, konsequent und in jeder Beziehung richtig. Unter wirtschaftlichen Gesichtspunkten jedoch sah er für mein Vorhaben keine Perspektive. »Do you really believe that these guys will spend hundreds of dollars to get punished and tortured through a program with the chance to vomit after five or six exercises? There aren't lunatics as we are, you, Casey, Arthur and I.« Er stimmte aber schließlich mit mir überein: Es müssen ja nicht alle an die Grenze ihres genetischen Potenzials gehen. In jedem Fall sei es besser, sie trainierten korrekt – wenn auch nicht bis zur vollständigen Erschöpfung – als nichts oder eben das Falsche zu machen und zu glauben, etwas Sinnvolles zu tun.

Mit Ellington Darden bin ich bis heute befreundet, so wie man eben auf große Distanz befreundet sein kann. Wir schreiben uns ab und zu, und jeder freut sich, dass es den anderen noch gibt. In seinem neuesten, 2006 erschienenen Buch, »The new Bodybuilding for Old-School Results«, widmet Darden mir ein ganzes Kapitel und schreibt unter anderem: »Would you be interested to know about a Swiss man, who's HIT (High Intensity Training) research goes much deeper than Jones's and mine? For example this man uncovered that a Swedish doctor developed strength training machines in 1865 that were as biomechanically correct as Jones's first Nautilus machines. This same man operates more than 130 hardcore HIT facilities, which are located mostly in Germany, Switzerland and Austria. This man is Werner Kieser and you're about to learn a thing or two from this 65-year old, bearded, entrepreneur – who was once described by a London reporter as ›a well-groomed bear in spectacles‹.«

Der Vorzug von Absagen – und die Wende
1978

Mein »Bankberater« hatte recht behalten: Keine Bank war bereit, mein Projekt zu finanzieren. Nach dem dritten Versuch hatte ich meinen Glauben an die Banken verloren – und habe ihn bis heute nicht wieder gewonnen. Aber ich profitierte von den Absagen auf unerwartete Weise. Denn die Banken hatten meine wirtschaftliche Situation anhand meiner Jahresabschlüsse sorgfältig geprüft und lieferten mir zusammen mit der Begründung ihrer Absage eine präzise und vor allem kostenlose Geschäftsanalyse.

Ich begann, mir das Geld von meinen Eltern, Freunden und auch von einigen Gästen zu leihen. Heute weiß ich, dass einige von ihnen ihr Geld schon abgeschrieben hatten, bevor sie es mir überließen. Aber warum gaben sie es mir dann? Sympathie? Mitleid? Oder eine Ahnung, dass es vielleicht doch eine größere Sache werden könnte und es dann geraten sei, von Anfang an dabei zu sein. Jedenfalls war ich überrascht, wie schnell ich die benötigte Summe zusammen hatte.

Als der Überseecontainer mit den Nautilus-Maschinen vor meinem Studio ankam, empfand ich eine Art internationales Glücksgefühl: Ich hatte Amerika nach Europa bzw. in die Schweiz geholt. Das Training der Zukunft befindet sich in diesem Container, dachte ich. Und meine Zukunft. Ich schloss das Studio für zwei Tage, mit der Ankündigung, es neu einzurichten. Zu meiner Überraschung erschienen jedoch einige Stammgäste, um mir zu helfen. Nach zwei Tagen hatten

Überseecontainer: internationales Glücksgefühl

wir alles aufgestellt. Doch die größten Anstrengungen standen uns erst noch bevor: Alle Gäste mussten neu instruiert werden, die alten Trainingskonzepte waren mit einem Schlag Makulatur, neue Programme mussten geschrieben werden. Gäste, die sich nicht mehr zurechtfanden und sich lauthals beschwerten, galt es zu beruhigen.

Alle meine Mitarbeiter und die freiwilligen Helfer mussten in den kommenden Tagen und Wochen extrem viel arbeiten. Ich ging davon aus, dass es sich um ein »Abarbeiten« handeln und diese gesteigerte Betriebsamkeit bald abflachen würde. Aber nach zwei Wochen wurde mir klar: Das hört nicht auf, sondern nimmt immer mehr zu. Tatsächlich waren die »alten« Gäste längst eingeführt. Aber der Andrang der Neuen stieg und stieg. Vorher war es so, dass ein Interessent erst einmal vom Nutzen der Sache überzeugt werden musste. Jetzt lief die Sache umgekehrt. Die Leute kamen, legten ihr Geld auf den Tresen und bekundeten: »Ich möchte hier Mitglied werden.« Am Anfang erlaubte ich mir noch die Frage: »Warum?« Als das aber einige Male als Unhöflichkeit oder gar als Zweifel an der Entscheidung, ernsthaft trainieren zu wollen, gedeutet wurde, verzichtete ich darauf.

Jeden Abend führte ich Statistik. Die Zahl meiner eingeschriebenen Gäste näherte sich unaufhaltsam der Tausendergrenze. Meine Maschinen waren ununterbrochen besetzt. Es musste unbedingt etwas geschehen. Ich heftete folgende Bekanntmachung an das Anschlagbrett: »Vielen Dank für Ihre Weiterempfehlung. Aber der Betrieb ist voll. Ich bitte Sie, bis zum Widerruf keine Interessenten mehr mitzubringen, ansonsten kann ich die Qualität des Trainings nicht mehr gewährleisten.« Der Effekt dieser Maßnahme bestand darin, dass fast jeder Gast noch schnell diesen oder jenen Freund mitbrachte, bevor der Mitgliederstopp in Kraft trat.

Schließlich fand ich den Mut, auch noch die letzten Rudimente vermeintlichen Komforts, die ich schon lange als Störfaktoren betrachtete, aus dem Studio zu verbannen. Der Getränkeautomat wurde abgeschafft; stattdessen gab es kostenlos Wasser aus dem Hahn. Musik schaltete ich für immer ab und die Pflanzen stellte ich dorthin, wo sie hingehören: ins Freie. Wieder gab es Proteste, auch unter den »alten« Gästen, so dass ich einige Jahreskarten zurückzahlen musste. Aber das spielte jetzt keine Rolle mehr.

Endlich kam der zweite Container. Aber auch die doppelte Ausrüstung reichte gerade mal für ein Vierteljahr. Ich suchte und fand einen doppelt so großen Raum in der Nähe meines Studios. Doch auch dort reichte das eine Geschoss, das ich mietete, bald nicht mehr aus. Glücklicherweise konnte ich den Mieter unter meinem Studio mit einer angemessenen Zahlung dazu bewegen, mir seine Räume auch noch zu überlassen. Und nach einem weiteren Vierteljahr gelang mir dasselbe mit dem Mieter über mir. Doch der Zustrom hielt unvermindert an. Es waren mittlerweile über 1500 Kunden – »Gäste« passte nun einfach nicht mehr zu dieser Anzahl. Doch bald wurde es wieder eng. Und ich musste weiter expandieren.

ZWEITER TEIL

Wachsen oder »Klein, aber fein«?
1970

In meinem Selbstverständnis war ich ein Trainer mit einem eigenen Studio. Doch jetzt kam etwas Neues in mein bis dahin ruhiges und einigermaßen ordentlich funktionierendes Geschäft. Mir schien, als wäre eine Art Bethlehemstern über meinem Studio aufgetaucht, der die Leute magisch anzog. »Sie sind erfolgreich!«, meinten Menschen, die ich zuvor noch nie gesehen hatte und die sich bislang wohl auch nicht dafür interessiert hatten, was ich da eigentlich betrieb. In der Illustrierten »SIE + ER« erschien am 26. März 1970 ein erster Bericht. Der Journalist David Weiss verfasste den Artikel, und der Fotograf Willi Spiller lieferte eine Großaufnahme von meiner Rückenmuskulatur. Und der Text hatte Witz:

»Das ›Tun Sie etwas für Ihren Körper!‹ tönt beinahe befreiend; es hat nichts mit Supermännern und Überdurchschnittlichem zu tun, das tönt so gesund und vernünftig wie Kneippsandalen und Birchermüsli. […] Folgerichtig geht der von Gewissen, Arzt und Massenmedien Getriebene in ein Muskelinstitut. Dort geschieht, es sei vorweggenommen, etwas Schreckliches: Mitten in den Rausch der dynamischen Zeit streckt das Mittelalter seine Finger aus und beweist, dass körperliches Wohlbefinden viel mit Gewissen und wenig mit wirklichem Körpertraining zu tun hat. Auf der Schwelle zum Weltraum glauben nicht wenige Schweizer noch an Ablass: Sie kaufen sich für 300 Franken ein Jahresabonnement für Bodybuilding und damit ein reines Gewissen.«

Als ich mein Bild sah, war mir das zunächst peinlich. Ich war stets davon ausgegangen, dass meine Muskeln nicht von öffentlichem Interesse seien und außer mir niemanden etwas angingen. Doch da irrte ich mich. Text und Foto waren ausgezeichnet und bewirkten, dass sich andere Zeitungen für mich und »mein« Thema interessierten und auch andere Journalisten mein Studio aufsuchten. Willi Spiller wurde übrigens später ein erfolgreicher Fotograf. Und David Weiss ist heute ein weltberühmter Künstler. 2006 widmete das Museum of Modern Art in New York ihm und seinem Partner Peter Fischli eine eigene Ausstellung.

Der Fitnessboom kam nun voll in Gang. Die Menschen drängten geradezu in mein Studio. Und mit ihnen kam endlich auch Geld herein. Gemessen an meinen bisherigen Einkünften war es viel, sogar sehr viel Geld. Gleichzeitig wurde mir aber auch etwas klar, das mich später vor allzu großer Selbstüberschätzung bewahrte. Denn es war offensichtlich: Das hier hatte nichts mehr mit mir oder meiner Tüchtigkeit zu tun, hier war ganz einfach der Zeitgeist am Werk. Fitness – ein neues Wort für eine alte Sache – war das, wonach nun jeder trachtete, der irgendwie mithalten wollte mit dieser, ach so dynamischen Zeit.

Ich musste jedenfalls unbedingt größere Räume finden. Und ich fand sie, die – vorläufig – idealen Räume. Das Eigenartige war, dass ich zehn Jahre lang fast täglich auf meinem Weg zur Arbeit an ihnen vorbeifuhr und jedes Mal dachte, das wäre das ideale Haus für meine Zwecke. Eines Tages antwortete ich also auf ein Inserat, das unter Chiffre erschienen war. Die Besitzerin, Frau Vollweiler, besichtigte erst mein Studio und lud mich dann zu einem »Bewerbungsgespräch« in ihre Villa am Zürichberg ein. Sie wird bestimmt meine Bonität prüfen, dachte ich. Das sind keine guten Aussichten, denn für eine angemessene Mietzinsgarantie war ich bei Weitem noch nicht gerüstet. Zu meiner Überraschung vermietete sie mir jedoch ihre Räume. Später erzählte mir Frau Vollweiler, dass sie bei Geschäftsverhandlungen stets auf die Hände ihrer Gesprächspartner schaue. Und meine Hände seien»gute Hände«, hätte sie festgestellt. Deshalb hätte ich den Zuschlag für eine Etage in ihrem Haus bekommen.

Nun ging es an den Umbau der neuen Räume. Meine vielseitige berufliche Vergangenheit kam mir dabei wieder einmal zugute. Doch schon bei der Eröffnung war absehbar, dass auch die neu eingerichtete Etage bald schon nicht mehr für alle Interessenten ausreichen würde. Tatsächlich erreichten wir nach wenigen Monaten eine Mitgliederzahl von 1800. Ein weiteres Stockwerk wurde frei und konnte übernommen werden. Dann noch eines. So waren es schließlich drei Stockwerke mit insgesamt 1200 Quadratmeter, die mein Studio belegte. Aber wie sollte es nun weitergehen? Ein zweites Studio eröffnen? Hin und her reisen? Oder einfach einen Mitgliederstopp verhängen? Der Gedanke, eine kleine, halbwegs übersichtliche Sache zu betreiben, war verlockend. Dass ich mich schließlich zur Expansion entschloss, geht auf die mir mittlerweile zur zweiten Natur gewordene Philosophie Gustav Grossmanns zurück: Entscheide stets nach dem Kriterium des größten Nutzens, den du bieten kannst. Wenn ich expandiere, so meine Überlegung, biete ich viel mehr Menschen Nutzen, als wenn ich mich auf meinen jetzigen Kundenstamm beschränke. Denn mittlerweile war mir einiges aufgefallen. Der Nutzen meines Trainings war wesentlich größer, als ich je vermutet hatte. Natürlich erhielt ich viele Dankesbriefe, Bezeugungen über wundersame Genesungen und das Verschwinden von hartnäckigen Symptomen und Syndromen. Da diese Bekenntnisse häufig reichlich hymnisch klangen, war ich äußerst skeptisch und deutete sie, dem Zeitgeist entsprechend, als »psychosomatisch«. Doch als sich auch ähnliche Berichte von beinharten Skeptikern und a priori »Ungläubigen«, wie etwa Naturwissenschaftlern und Medizinern, mehrten, wollte ich es genauer wissen.

»Ihre Strategie ist falsch!«
1975

Mit einem Mal sah ich ein weites Feld vor mir. Um es jedoch zu bearbeiten, fehlte mir etwas; doch ich wusste nicht genau was. Es lag nicht daran, dass ich mir nicht zugetraut hätte, meine Sache auf eine höhere Ebene zu bringen, das heißt sie zu multiplizieren, zu expandieren eben. Es war eher so, dass ich nicht wusste, wo ich anfangen und wie ich die Sache anpacken sollte.

Da sprang mich eines Tages bei der Lektüre der FAZ die Schlagzeile eines Inserates an: »Ihre Strategie ist falsch!« Darunter ein langer Text von einem gewissen Wolfgang Mewes, der mir klar machte, dass ich keine falsche, sondern gar keine Strategie hatte. Vielleicht ist eine Strategie aber genau das, was mir fehlt, dachte ich und bestellte die Unterlagen für einen Lehrgang, den Herr Mewes anbot. Das Kursmaterial war umfangreich, das Prinzip jedoch einfach: von der Spezialisierung zur Profilierung und schließlich zur Marktführerschaft. Stärken ausbauen und Schwächen erstmal belassen. An konkreten Beispielen aus der Wirtschaftsgeschichte belegte Mewes seine Theorie. Der Kurs füllte eine Lücke in meinem Denken und Planen. Ich wusste jetzt die Richtung, die ich einzuschlagen hatte.

Wolfgang Mewes lernte ich später persönlich kennen. Ich fragte ihn, warum seine doch einfache und einleuchtende »Lehre« noch nicht Allgemeingut sei. Er meinte, dass sie eben nicht dem humanistischen Bildungsideal entspreche.

Wolfgang Mewes (rechts)

Denn unser ganzes Schulsystem sei so aufgebaut, dass zuerst ein breites Fundament an Kenntnissen und Wissen gelegt würde und erst danach eine Spezialisierung erfolgen solle.

Mittlerweile jedoch hat Mewes' Lehre unter der Bezeichnung »EKS« starke Verbreitung im deutschsprachigen Raum gefunden. In der Folge lernte ich auch viele »EKSler« kennen. Was mich stets verwunderte: Nicht alle setzen die Lehre konsequent um. Offenbar bedarf es dazu doch noch etwas anderem, was durch das Studium dieser Lehre nicht mit vermittelt wird. Aber was?

Vom Schuhkarton zum Buch
1978

Ich hatte nun schon über 15 Jahre alles schriftliche Material gesammelt, was auch nur entfernt mit meiner Liebhaberei zu tun hatte, einer Liebhaberei, die sich allmählich zu einem üppigen Fachgebiet ausgewachsen hatte. Meine Angewohnheit, Zeitungen stets mit griffbereiter Schere oder Taschenmesser zu lesen, brachte es mit sich, dass der Stapel mit Ausschnitten höher und höher wurde. Erst verstaute ich die Schnipsel chronologisch geordnet in einer, dann in mehreren Schuhschachteln. Meldungen aus Wissenschaft und Technik, aber auch Kopien von Studien, die ich in der Zentralbibliothek, dem Sozialarchiv und der Universitätsklinik angefertigt hatte, sowie Abschriften von Radiosendungen gerieten schließlich zu einem Haufen, der mich zu einer Grundsatzentscheidung zwang: ordnen oder vernichten.

Ich entschloss mich für das Ordnen. Das war leicht gesagt. Wie soll eine solche Ordnung aussehen? Es gab ja keine Vorbilder. Oder doch? Ich stieß auf ein Buch, das mir aus der Rückschau wie eine kleine Offenbarung vorkommt: »Kunst und Technik der geistigen Arbeit« (1957) von Walter Kröber. Denn sein Buch hielt, was der Titel versprach. Es war eine detaillierte, interessante und vollständige Anleitung zur Sammlung und Auswertung von Dokumentationsmaterial und zur Schaffung eigener geistiger Produkte. Nach vielen Stunden Arbeit hatten sich meine Schuhkartons zu brauchbaren Karteikästen entwickelt, deren eklektisch zusammengetragener

Mein erstes Buch

Inhalt jedoch zunächst nur für mich allein von Bedeutung war. Denn die Sachgebiete waren so spezifisch auf meine Bedürfnisse ausgerichtet, dass ich mir kaum vorstellen konnte, dieses Archiv noch anderweitig zu nutzen. Durch Kröbers Buch kam ich jedoch auf die Idee, oder besser: wurde ich ermutigt, die Inhalte meines gesammelten Materials in einem Buch zu verdichten und zu veröffentlichen.

Meine Kartei, meine Unterlagen aus meinem Trainerkurs, den ich 1972 für den deutschschweizer Verband des Kraftsports erstellt hatte, die Notizen meiner Beobachtungen, Ludwig Reiners »Stilfibel« (1963) und ein alter Fotoapparat – das waren die Mittel, aus denen das Buch entstand. Angelika Kieser-Reinke, meine zweite Frau, promovierte Germanistin und Anglistin, war mir dabei eine große Hilfe. Sie brachte meine hin und wieder entgleisten Texte zurück auf die Schienen der deutschen Hochsprache. Nach einem Jahr war es soweit. Ich verschickte das Manuskript an einige Verlage. Ein Verleger machte sich sogar die Mühe, seine Absage zu begründen: Mein Name sei noch zu wenig bekannt, da ich bisher noch nichts publiziert hätte. Aber damit wollte ich ja gerade beginnen! Ich entschloss mich also, mein Buch mit dem Titel »Leistungsfähiger mit korrektem Krafttraining« auf eigene Kosten zu drucken und durch eine Werbeagentur vertreiben zu lassen. Die »erste Auflage«, zweitausend Exemplare, war innerhalb weniger Wochen vergriffen. Daraufhin nahm der Falken Verlag Kontakt zu mir auf und reihte den Titel in sein Programm ein. »Das erste populärwissenschaftliche Werk zu diesem Thema«, meinte der Geschäftsführer des Verlags. Ich war glücklich, dass meine Ideen nun endlich den Weg in die Öffentlichkeit fanden. Das Buch wurde ein »Longseller« – bis 1988 waren über hunderttausend Exemplare verkauft.

Ein erster Zugang zur Kunst
1978

Durch meinen Schulfreund Peter Schweri, mittlerweile ein bekannter Kunstmaler, hatte ich auch seinen Mentor, Hans-Jürg Mattmüller, Lehrer an der Kunstgewerbeschule in Zürich, kennengelernt. Ende der 1960er Jahre griffen die politischen Diskussionen auch auf diese Schule über. Mattmüller trennte sich von dem Staatsbetrieb und gründete seine eigene Schule »Form und Farbe«. Die Schule war extrem erfolgreich. Künstler wie Hansruedi Giger (»Aliens«), Peter Fischli, David Weiss und viele andere, die später Weltruhm erlangten, kamen aus dieser »wilden« Schule. Und das hatte gute Gründe: Denn Hans-Jürg war Dozent in Permanenz, und er brachte selbst künstlerisch unbedarfte Individuen wie mich mit seinen Aussagen über alltägliche Belange zum Grübeln.

Eines Tages tauchte er mit einer Studentenklasse in meinem Studio auf und fragte, ob seine Schüler hier zeichnen dürften. »Wenn es die Gäste nicht stört, bitte.« Die Studenten verteilten sich in allen Ecken und an den Wänden entlang und widmeten sich ihrer Aufgabe. »Warum lässt du hier zeichnen? Was ist daran interessant?«, fragte ich Hans-Jürg. Er schaute von seinem Zeichenblock auf. »Wenn die Menschen die Maschinen verlassen, bleibt ihre Bewegung drin hängen!«, meinte er etwas versonnen. Dieser Satz verfolgte mich. Wenn ich in die Sonne schaue und dann die Augen schließe, sehe ich ein schwarzes Loch, das Negativabbild der Sonne. Und tatsächlich: Bald sah auch ich die Bewegungen im Käfig der Maschinen gefangen, nachwirken, nachdem jemand sie verlassen hat. Dieses Erlebnis hatte Folgen. Ich begann mich mit dem Phänomen der Imagination zu beschäftigen. Kunst, insbesondere Malerei, erhielt mit einem Mal eine neue Dimension. Doch nicht nur Bilder, überhaupt alles um mich herum hatte die Unschuld seiner Existenz verloren. Ich kam zur Einsicht, dass die Welt nicht einfach so ist, wie sie ist, sondern wie sie in meiner Vorstellung ist und wie ich sie mir laufend vorstelle. Und diese Vorstellung kann ich ändern – und damit auch die Welt.

Es vergingen Jahre, bis ich darauf kam, dass ich mit dieser Erkenntnis mitten in die damals aufkommende Denkschule des »radikalen Konstruktivismus« gestolpert war. Wieder einmal war eine Brücke zur Philosophie geschlagen.

Seminare
1978

Mein eklektisch ausgerichteter Literaturkonsum führte mich zu einem spannenden Werk: »Science and Sanity. An Introduction to Non-Aristotelian Systems and General Semantics« (1933) von Alfred Korzybski. Darin stand ein Satz, der mich bis heute verfolgt: »Die Karte ist nicht die Landschaft.« Mir wurde klar, dass mein Buch »Leistungsfähiger mit korrektem Krafttraining« zwar ein kleiner Erfolg war, aber nicht ausreichte, um etwas in der Welt zu bewegen. Es fehlte – physikalisch gesprochen – die Masse, etwas zum Anfassen. Eine Übungsbeschreibung ist nicht die Übung. Mittlerweile hatte ich die Vertriebsrechte von Nautilus für den deutschsprachigen Raum erworben und bot Viertagesseminare an. Dort wollte ich die Überlegenheit der neuen Technologie aufzeigen und gleichzeitig Maschinen verkaufen. Die Seminarteilnehmer hatten so Gelegenheit, die Wirkung intensiven Trainings am eigenen Leib zu erfahren. Es kamen Studiobesitzer, Trainer und Sportfunktionäre aus dem gesamten deutschsprachigen Raum. Für die Vertriebsrechte von Nautilus hatte ich immerhin eine größere Summe bezahlt und erwartete auch einen entsprechenden Absatz.

Wirtschaftspolitische Streitereien machten mir jedoch einen Strich durch die Rechnung. Die EG (Europäische Gemeinschaft), Vorläufer der EU (Europäische Union), führte mit den USA einen »Stahlkrieg«, der über zwei Jahre dauerte. Ich konnte nicht eine einzige Schraube aus den USA in die

Seminar für Nationaltrainer

EG-Länder verkaufen. Das war zugleich eine Chance für Plagiatoren, besonders in Deutschland. Die Nautilus-Maschinen wurden kopiert, zwar mehr schlecht als recht, aber dadurch wurde »mein« Markt gesättigt, bevor ich ihn bewirtschaften konnte. Die Schweiz als nicht EG-Land war davon nicht betroffen. Also versuchte ich, Nautilus-Maschinen meinen Schweizer Mitbewerbern zu verkaufen. Doch bald merkte ich in meinen Seminaren: Die Studiobesitzer wollen nicht Maschinen, sondern Erfolge. Und vor allem wollten sie wissen: Wie macht der das? An den Maschinen allein kann es ja wohl nicht liegen.

Meine Seminare waren gut besucht. Es nahmen vor allem deutsche Sportstudiobesitzer, aber auch Sportfunktionäre teil. Die Auseinandersetzung mit von ihrer Ausbildung und Zielen heterogenen Zuhörern führt auch zu einem beschleunigten Lernprozess für den Dozenten. Denn während der Seminare werden auch ihm eigene Denkfehler klar oder von anderen klar gemacht.

Ein junger und schon sehr erfolgreicher Bodybuilder aus Österreich äußerte in einem Seminar seine Skepsis: »Ich trainiere meine Beine dreimal pro Woche während zwei Stunden. Nun kommen Sie daher und sagen, dass ich dasselbe mit dreimal 10 Minuten pro Woche erreiche. Ist das ein Scherz oder meinen Sie das wirklich?« Ich überlegte, dann machte ich ihm ein Angebot. »Ich zeige Ihnen im Trainingsraum, was ich meine. Wenn Sie mit diesem Training in zwei Monaten nicht mindestens so große Erfolge erzielen wie in den letzten zwei Jahren bezahle ich Ihnen die Seminarkosten zurück.«

Neugierig begleitet von den anderen Seminarteilnehmern, gingen wir in den Trainingsraum. Beinpresse, Beinstreckung, Kniebeuge – jede Übung wurde bis zum totalen Versagen des Muskels durchgezogen – gefolgt von maximal drei Sekunden Pause beim Wechsel des Geräts. Nach sechs Minuten war es vorbei. Der junge Mann saß auf dem Fußboden, denn im Moment konnte er nicht mehr stehen, und starrte auf seine angeschwollenen Oberschenkel.

Etwa ein halbes Jahr später rief er mich an und hatte einige Fragen zum Thema Ernährung. Dann kam er auf unsere Vereinbarung zu sprechen: »Unsere Wette haben Sie gewonnen. Ich bin enorm vorangekommen. Aber eines verzeihe ich Ihnen nicht: Sie haben mir den Spaß am Training genommen.« Nun ja, gewisse Dinge schließen sich aus, oder: Alles hat seinen Preis.

Gabi und mein Versagen als Ratgeber
1979

Mit Fredi Amacher, dem Inserateverkäufer, saß ich oft zum Mittagessen im »Cooperativo«, einem italienischen Restaurant in unmittelbarer Nähe meines Studios. Das »Cooperativo« blickt auf eine reiche sozialistische Tradition zurück. An der Wand hingen Porträts von Karl Marx, Palmiro Togliatti und anderen Größen der Arbeiterbewegung. Und es konnte

Dem Freund einen Dienst erwiesen – Gabi wurde meine Frau

Unsere kleine Familie

auch schon mal passieren, dass der Blick an dem Gesicht eines Gastes hängen blieb, das man aus den Medien zu kennen glaubte. »Ist das nicht Isabel Allende?«, fragt mich einmal ein Tischnachbar. »Die Nichte von Salvador Allende? Sieht so aus«, antworte ich. »Warum ist die hier in Zürich?«, fragte mein Tischnachbar weiter und gab sich die Antwort gleich selbst: »Ja, warum nicht? Nachdem die ihren Onkel ermordet haben, hatte sie wohl keine Lust mehr, in Chile zu bleiben.«

In solcher Atmosphäre spricht es sich leicht über Gott, der nichts tut, und die Welt, die im Argen liegt, über die großen Dinge und die persönlichen Angelegenheiten, natürlich stets aus einem gesellschaftskritischen, distanzierten Blickwinkel. Fredi hatte ein Problem in Gestalt einer jungen Verehrerin.

Als gestandener Mann von fünfunddreißig Jahren fand er die Beziehung mit einer Achtzehnjährigen unangemessen. »Was soll ich nur machen?«, fragte er mich, als der Kellner die Minestrone brachte. Wir diskutierten über die Probleme, die sich aus dieser Altersdifferenz ergeben können. Schließlich, beim Espresso angelangt, empfahl ich ihm, die Beziehung aufzugeben, da dieses Mädchen einfach zu jung für ihn, den Fünfunddreißigjährigen, sei. Im Glauben, einem Freund einen Dienst erwiesen zu haben, war das Thema damit für mich erledigt.

Ungefähr zu dieser Zeit hatte mich auch meine zweite Frau, Angelika, verlassen. Das war schmerzlich, aber relativ unkompliziert, da wir keine Kinder hatten. Um mein Alleinsein etwas besorgt, lud mich eine Nachbarin zu einer Party ein. Es wurde getanzt und gelacht. Im Laufe des Abends gesellte sich eine sehr junge und äußerst attraktive Frau zu mir. Wir tanzten, redeten und verliebten uns. Die junge Frau hieß Gabi, stand vor dem Abitur und war die ehemalige, »zu junge« Freundin von Fredi, der fünf Jahre jünger ist als ich und dem ich so altklug und väterlich beschieden hatte, dass dieses »Mädchen« viel zu jung für ihn sei. – Gabi und ich sind mittlerweile fast 30 Jahre zusammen. Seit dieser Zeit erteile ich niemandem mehr Ratschläge in Sachen Liebe und Partnerschaft.

Gabi studierte Medizin und promovierte mit einer Dissertation über Krafttraining bei Patienten, die am Kreuzband operiert wurden. Ihr medizinisches Wissen hat viel zur Entwicklung des Kieser Training beigetragen. Unsere Familie ist klein geblieben. Hinzu gekommen sind eine Katze, die »Chli« und »Tessa«, eine Rottweilerhündin.

Franchising – Die Expansion
in der Schweiz
1981

Mittlerweile war es gekommen, wie ich es erwartet hatte: Auch die neuen Räumlichkeiten reichten bald nicht mehr als angemessene Trainingsstätte aus. Was tun? Eine zweite Niederlassung gründen? In welcher bin ich dann? Ich kann mich doch nicht zweiteilen. Und »Manager« wollte ich nicht werden. Personalprobleme zu lösen entsprach nicht meiner Wunschvorstellung von meinem Beruf. Schließlich habe ich mich dank mehrerer Psychologiekurse auch von der mich periodisch heimsuchenden Vorstellung befreit, Psychologe wäre der richtige Beruf für mich.

Schon geraume Zeit stand ein Buch von Herbert Gross und Walther Skaupy, »Das Franchise System« (1968), ungelesen in meinem Bücherregal. Ich hatte es vor Jahren gekauft. Die Idee des Franchising hatte mich schon fasziniert, bevor ich ahnte, dass sie für mich Bedeutung gewinnen könnte. Ein Verfahren so zu beschreiben, dass es für einen Laien nicht nur gedanklich nachvollziehbar, sondern auch praktisch umsetzbar wird, empfand ich seit meinem Militärdienst als eine Art Kunst. In der Rekrutenschule gab es ausgefeilte Anleitungen zur Pflege und Wartung von Waffen und Fahrzeugen. Die Verschränkung von Wissen und Können bestätigte meine seit Langem gehegte Hypothese, dass es nämlich nicht Qualität und Quantität gibt, sondern nur Quantität. Qualität ist einfach höhere Dichte, also komprimierte Quantität. Wissen erlangt man durch Lernen, Können durch Übung. Übung aber ist Wiederholung, somit Quantität, bis zum Können und von dort zur Perfektion, eben »Qualität«. Im Prinzip, so sagte ich mir, müsste es möglich sein, jedem durchschnittlich intelligenten Menschen in kurzer Zeit Spezialfähigkeiten zu vermitteln, die er sich sonst mit einem umfangreichen Studium oder mit einer mehrjährigen Berufslehre erwirbt.

Das Franchising kommt aus den USA. Dort gibt es keine Berufslehre, aber einen unerschütterlichen Glauben an die Machbarkeit der Welt. Dieser Optimismus und dieser Mut sind dem Franchising eigen. Die Amerikaner suchen nicht danach, wo ein bestimmtes Fachwissen kultiviert und gehegt wird oder gar, wer dazu berechtig ist, es zu vermitteln oder umzusetzen; sie fragen eher so: »Gibt es ein Problem? Wenn ja, zerlege es in Einzelteile und löse einen Teil nach dem anderen.« So etwas hatte ich schon bei René Descartes gelesen, im »Discours de la méthode« (1637), einem Buch, das eine Methode der Wahrheitsfindung beschrieb, sich aber ohne Weiteres auch auf andere Gebiete übertragen lässt. Völlig begriffen hatte ich diese Denkweise jedoch erst nach der Lektüre von Ayn Rands Romanen »The Fountainhead« (1943) und »Atlas Shrugged« (1957). Ayn Rand ist heute noch eine der meist gelesenen Autorinnen und bekanntesten Philosophinnen der USA, in Europa jedoch, selbst bei Intellektuellen, völlig unbekannt. Rands Philosophie beinhaltet eine scharfe Ablehnung der jüdisch-christlichen Religionskultur sowie jeder kollektivistischen Ideologie, sie idealisiert das autonome Individuum, den »Selfmademan«.

Das Franchising bietet dem Franchisenehmer das, was zu schaffen ein Unternehmerleben lang dauert: eine eingeführte Marke und ein funktionierendes Konzept. Ich musste nicht lange nach Interessenten für mein Konzept suchen. Meine Absicht sprach sich schnell herum. Die Interessenten kamen von selbst. Die ersten Franchisenehmer bedeuteten jedoch einen Reinfall: Zwei Brüder, die schon ein kleines Studio betrieben und von ihrem Vater Geld erhielten, um ein Kieser Training Studio zu eröffnen, wollten sich als erste Franchisenehmer versuchen. Sie zeigten mir die ausgewählten Lokalitäten. Diese waren durchaus geeignet, doch der Vermieter bestand darauf, dass ich den Mietvertrag gemeinsam mit den beiden Brüdern unterschriebe, was ich auch gutgläubig tat. Als die Bauarbeiten schon in vollem Gange waren und nun auch die Betriebsausrüstung beschafft werden sollte, gestanden mir die beiden »Jungunternehmer«, dass sie kein Geld mehr hatten: Alle ihre Rücklagen seien in ihrem vorherigen Studio aufgebraucht oder für ihre beiden »rassigen« Autos, die ja wohl zu einem Kieser Training Studio passen würden. So kam ich ungewollt zu meinem zweiten Betrieb und hatte etwas gelernt: Prüfe die Leute gründlich, bevor du einen Franchisevertrag unterschreibst.

Aber immerhin hatte ich in Zukunft die Wahl. Es meldeten sich mehr Franchise-Interessenten, als Territorien zu vergeben waren. Ich begann zunächst mit dem Ostteil von Zürich. Dort eröffnete Jost Thoma seinen Kieser Training Betrieb mit großem Erfolg. Was nicht verwunderte, da der Name »Kieser Training« in Zürich schon fest etabliert war. So schrieb denn auch der »Tagesanzeiger«: »Jetzt kieserts auch in Oerlikon.« Es folgten die Schweizer Landeshauptstadt Bern, dann Luzern und Schlieren, ein Vorort von Zürich, und weitere Schweizer Städte.

Schule ohne Lehrer – oder das Bacardi-Syndrom

1982

Schon bei der Vorbereitung zur Eröffnung des ersten Franchisebetriebes stellte sich die Frage: Wie bilde ich neue Mitarbeiter aus? Als eine Grundlage könnte ja schon mal mein Buch dienen. Doch das genügte nicht und war ja auch nicht als Lehrwerk konzipiert. Aber viele Quellentexte, die ich für mein Buch genutzt hatte, lagen noch in meinen Schuhkartons. Ich begann die für Ausbildungszwecke geeigneten Dokumente zusammenzustellen und in einem Karton zu sammeln. Dieser Schuhkarton enthielt nun die Ausbildungsdokumente, weshalb ich ihn mit dem Kürzel ADOK beschriftete. Damit war schon mal einiges an Material bereitgestellt, das den künftigen Mitarbeitern zu vermitteln war. Die nächste Frage lautete: Wie vermittelt man in kürzester Zeit diesen Stoff? Oder: Wie verwandle ich jemanden – zum Beispiel einen Kellner, Taxifahrer oder Maurer – in einen guten Trainer? Die damaligen Sport- und Turnlehrer wussten übrigens von meinem Thema kaum mehr als diese Leute. Denn der Beruf des Krafttrainers war etwas völlig Neues, das dem Berufsbild eines diplomierten Turnlehrers in keiner Weise entsprach. Das Wissen über Krafttraining war erst rudimentär und sickerte nur zögerlich in die offizielle Ausbildung dieser Leute.

Bei meiner Suche nach Literatur über mögliche Ausbildungsformen wies mich Grossmann auf eine interessante Persönlichkeit hin: Kuniyoshi Obara. Der japanische Pädagoge war bei seiner Suche nach besseren Lernmethoden auf den

Schweizer Johann Heinrich Pestalozzi (1746–1827) gestoßen und ließ dessen Werke ins Japanische übersetzen. Dann gründete er eine Schule, die sich Pestalozzis drei Hauptprinzipien verschrieb: 1. Erziehung des ganzen Menschen, 2. Arbeit als Grundlage der Erziehung und 3. Selbststudium. Obara war davon überzeugt, dass schon Kinder eigenständig forschen, lernen und erfinden. In Obaras Schule gestaltet sich jeder Schüler vom vierten Schuljahr an seinen Lehrplan selbst, entsprechend seinen Neigungen und Fähigkeiten. Die Schüler unterrichten und prüfen sich gegenseitig. Lehrer haben lediglich eine Art Begleit- und Wegleitungsfunktion, lehren aber nicht.

Dieses Modell imponierte mir. Ich nahm mir vor, eine autodidaktische Präsenzschule einzurichten. Mit meinen Mitarbeitern stellte ich für jede Funktion im Trainingsbetrieb ein Ausbildungspaket zusammen. Dieses bestand aus wenigen Fachbüchern, Kopien von Schriften aus meinen ADOK-Schachteln und einer Liste aller Schritte, die abgearbeitet und überprüft werden müssen. Lehrer im eigentlichen Sinn sollte es keine geben. Jeder studierte für sich, aber in der Gemeinschaft. Das Modell funktionierte bei den meisten, jedoch nicht bei allen.

Immer deutlicher wurde mir das Problem der Sprache bewusst. Mit der Sprache verhält es sich wie mit dem Bewegungsapparat. Wenn sie nicht gepflegt und genutzt wird, verkommt sie. Konsonanten werden verschluckt, die Grammatik erodiert, an Stelle ganzer Sätze werden Schlagwörter ausgestoßen. Die Parallele ist auffallend. Die Bewegungsamplitude des unbenutzten Gelenks wird kleiner, ähnlich wie der unbenutzte Wortschatz schrumpft.

Dafür ein aufschlussreiches Beispiel: Als ich vor vielen Jahren Reiten lernte, teilte mir der Reitlehrer einen riesigen Wallach zu, der auf den Namen Bacardi hörte. Wir Reitschüler mussten in der rechteckigen Halle an den Wänden entlang reitend die Pferde vor den Übungen einlaufen. Bacardi hatte die Angewohnheit, die Ecken bei jedem Rundgang mehr und mehr abzurunden. Ich versuchte verzweifelt, ihm beizubringen, die Ecken »sauber« zu nehmen. Aber Bacardi blieb unbeeindruckt. Der am Anfang in rechteckigen Bahnen verlaufende Trab geriet zunehmend zu einem Kreisgang in Form einer Spirale. Die Kreise wurden enger und enger. Am Ende stand Bacardi mitten in der Halle und rührte sich nicht mehr.

Wir sind alle Bacardis, fand ich heraus. Wir »runden« ab, von Mal zu Mal, was immer wir tun. Kaum glauben wir, etwas zu beherrschen, lässt die Präzision nach; nicht nur jene der Sprache, sondern automatisch auch jene des Denkens. Selbst merkt man es kaum. Deshalb integrierte ich bei den Prüfungen in meiner »Schule« Sprachtests. Ich prüfte, ob der Benutzer bestimmter Wörter deren Bedeutung kennt. Ich war überrascht, wie oft und selbstverständlich Wörter benutzt werden, die dem Benutzer nicht oder nur vage klar sind. Ich ahnte, was heute allgemein bekannt ist: Es besteht kein prinzipieller Unterschied zwischen dem Training der Muskeln und dem Training des Gehirns.

Auf die Körperzusammensetzung
kommt es an

1983

Immer wieder beschäftigte mich die Frage, wie ich die Fortschritte meiner Kunden objektiv messen könnte. In einem amerikanischen Wissenschaftsjournal las ich von der Impendanz-Methode, einem Messverfahren zur Quantifizierung des »Magermasseanteils« des Körpers. Unter Magermasse (»lean body mass«) versteht man das fettfreie Gewebe, also Knochen, Sehnen und Muskeln. Die Messung ist einfach. Dem Probanden werden einfach vier Elektroden an Händen und Füßen angeklebt und unter leichten elektrischen Strom gesetzt. Über den Hautwiderstand wird dann der intrazelluläre Wasseranteil des Körpers errechnet. Ich war begeistert. Das war genau das, was ich schon lange suchte. Ich flog nach Chicago, wo der Hersteller dieser Geräte seine Fabrik betrieb, und sicherte mir die Vertretung für Europa.

Ich hatte vor, solche Geräte an Fitnessstudios zu verkaufen und glaubte, dass meine Berufskollegen sie mir aus den Händen reißen würden. Gabi und ich mieteten einen Stand an der FIBO, der größten Fitness- und Bodybuilding-Messe der Welt in Köln. Unser Stand war nahe am Eingang platziert. Wir luden die Hereinkommenden zu einer Messung ein, die etwa fünf Minuten dauerte. Der Andrang war groß, obwohl wir eine Gebühr von zehn Mark für unseren Aufwand erhoben. Doch nicht die Studiobetreiber kamen. Es waren vor allem Bodybuilder und andere Sportler, die sich für eine Messung interessierten. Uns beeindruckte besonders, dass bei 120 Kilo schweren Bodybuildern lediglich 9 Prozent Fett nachgewiesen wurde, während schlanke Schwimmer 14 bis 18 Prozent Fettanteil hatten.

Am Abend des ersten Ausstellungstages näherte sich ein Mann mit etwas finsterem Blick unserem Stand. »Wollen Sie eine Messung Ihrer Magermasse?«, fragte ich ihn. »Nein. Ich will nur wissen, was ihr da macht.« Ich wusste nicht so recht, worum es ihm ging. Er schaute sich einen der herumliegenden Computerausdrucke an. »Das sieht ja nicht viel anders aus als bei mir«, stellte er fest. »Ich habe am anderen Ende der Halle einen Stand mit Körperwaagen. Die machen genauso einen Ausdruck. Da haben sich diese Muskelkerle drauf gestellt. Wenn sie den Ausdruck sahen, haben sie gelacht und mir den Ausdruck von Ihrem Gerät hier vorgelegt. Einer sagte sogar, ich solle mein ›Gerümpel‹ einpacken und verschwinden.« Ich verstand nicht so recht, was er meinte und wie seine Waagen funktionierten. Ich ging jedenfalls mit ihm und stieg auf eine seiner Waagen, drückte auf den Knopf und erhielt einen Ausdruck: »Sie haben 20 Kilo Übergewicht. Reduzieren Sie ihre tägliche Kalorienaufnahme um …« und so weiter. Jetzt war mir alles klar. Die Bodybuilder hatten wahrscheinlich dreißig, vierzig Kilo »Übergewicht«, wie das Gerät korrekt registrierte. Denn dieses orientierte sich an Standards, konnte aber Fett und Muskeln nicht voneinander unterscheiden. Es kommt jedoch nicht darauf an, wie schwer man ist, sondern darauf, woraus man besteht. Muskeln oder Fett? Das ist hier die Frage.

Am zweiten Messetag hatte der Mann mit den Waagen seinen Stand geräumt.

Berührungsängste –
Kommerz und Wissenschaft
1987

Eines Morgens stand eine junge Frau in meinem Büro, die ausschaute wie Giulietta Masina in Fellinis Film »La Strada« (1954). Sie stellte sich vor: Regine Elsener, freie Journalistin. Während sie mir das Projekt der Gründung einer Kieser Training Zeitung erläuterte, stellte ich mir vor, wie gut sich ihr Gesicht für ein Clownsgesicht eignete. Denn nur schöne Gesichter eignen sich dazu, so meine Beobachtung.

Ich fand Regines Idee gut. Eine eigene Zeitung, das bot Anknüpfungspunkte mit Institutionen und Persönlichkeiten des öffentlichen Lebens. Zu unserer konstituierenden Redaktionssitzung am nächsten Tag brachte sie einen Kollegen, den Sportjournalisten Beat Gehri, mit. Es war eine neue und spannende Aufgabe. Nachdem die erste Ausgabe an meine Kunden und Freunde verschickt worden war, meldeten sich einige von ihnen spontan zur Mitarbeit.

Die Zeitung schaffte eine heilsame Unruhe in der Sport- und Fitnessszene. Ein Artikel etwa über den Unsinn von sogenannten Elektrolytgetränken beim Krafttraining rief die PR-Abteilung einer Getränkefirma auf den Plan. Ich erklärte mich bereit, meine Behauptungen öffentlich zu widerrufen, wenn mir wissenschaftliches Material geliefert würde, das den Nutzen dieses Salz-, Zucker-, Farbstoff-, Wassergetränks nachweist. Ich behauptete, dass lediglich das Wasser einen Sinn habe – und das könne man billiger haben. Die PR-Leute versprachen, mich mit Studien einzudecken. Aber es kam keine einzige.

»Kieser Training Zeitung« 1987 und »Sonntagzeitung« 2007

Ein langjähriger Freund, Arturo Hotz, Dozent für Bewegungslehre an der Eidgenössischen Technischen Hochschule Zürich (ETH), dem ich wertvolle Erkenntnisse über das Lernen von Bewegungen verdanke, sah in unserer Zeitung eine geeignete Plattform, um sportwissenschaftliche Themen unter das interessierte Volk zu bringen. So erhielt denn die ETH eine offizielle Seite, die von Arturo vorzüglich redigiert wurde. Dieser »Schulterschluss« eines kommerziellen Unternehmens mit einer über allen materiellen Interessen schwebenden Institution wurde zwar mit Misstrauen betrachtet, aber vorerst geduldet. Als in einer der Kieser Training Zeitungen dann ein Artikel mit der Überschrift »Die Mär vom Aufwärmen« erschien, schlugen jedoch die Wellen der Empörung hoch. Mein Freund Arturo Hotz hingegen, selbst ehemaliger Hochleistungssportler, hatte nichts gegen den Artikel einzuwenden: Doch wenn Aberglaube zur Lehre gefriert, bedeutet jeder Zweifel Ketzerei. Wieder versuchte ich, die Leute an einen Tisch zu bekommen und lud sie öffentlich ein. »Ich lege Ihnen vor, worauf ich meine Aussage stützte; und Sie legen mir vor, worauf Sie Ihre Aussage stützen.« Wieder kam keiner, aber die Polemik ebbte ab. Das schönste Kompliment, das ich in diesem Disput erhielt, lautete: »Wie können Sie bloß alles kaputt schlagen, was wir in verantwortungsvoller und langer Arbeit zu einem kohärenten Ganzen geformt haben?« Ich fühlte mich fast als kleiner Wilhelm von Ockham.

Am 1. Oktober 2007 erschien in der Sonntagszeitung ein Artikel unter der großen Überschrift: »Aufwärmen, das war einmal«. Der Beitrag stützt sich auf neue Forschungsergebnisse und führt im Wesentlichen aus, was wir bereits vor über zwanzig Jahren in der Kieser Training Zeitung publiziert hatten. Erläuternde Kommentare dazu von Experten der ETH. Es scheint ein proportionales Verhältnis zu geben zwischen der Bedeutung einer Entdeckung oder Innovation und der Zeit, bis sie Allgemeingut wird. Bei Kopernikus dauerte es hundertfünfzig Jahre. Aber zwanzig Jahre sind auch schon ganz nett.

Nach vier Jahren und zwanzig Ausgaben der Kieser Training Zeitung war alles gesagt, was zu sagen war. Ob dies zur allgemeinen Klärung beigetragen hat? Ich bezweifle es. Aber es musste einfach einmal irgendwo schriftlich niedergelegt werden – und sei es auch nur für die Historiker.

Verhinderter Ausstieg
1987

Die Expansion in der Schweiz kam langsam, aber unaufhaltsam in Gang. Als der fünfzehnte Betrieb seine Türen öffnete, wurde mir klar: Das Fest geht zu Ende. Vielleicht noch drei bis vier Betriebe, dann ... ja, was dann? Gabi und ich – wir waren mittlerweile verheiratet – lieben Tiere. Nach einer Reit-Wanderung durch Island fragten wir uns: Warum nicht Pferde züchten oder so was Ähnliches?

1986 hatte Arthur Jones seine Firma Nautilus an eine Texanische Firma verkauft, inklusive seines Personals und seiner Vertreter. Als Vertreter von Nautilus in Europa gehörte ich zum »Inventar« der veräußerten Firma. Eines Nachts, gegen zwei Uhr, rief mich Arthur Jones an. »Werner, wir haben das Rückenproblem gelöst. Komm vorbei, ich zeig dir, wie das geht.« Jones kümmerte sich nie um Nebensächlichkeiten, wie etwa um interkontinentale Zeitunterschiede, und sprach von sich selbst stets in der Wir-Form. »Fein, Arthur. Aber ich habe keine Rückenprobleme.« – »Du nicht, aber Millionen von Menschen haben das Problem und gehen daran fast zugrunde.«

Ich flog also nach Occala, wo Arthur Jones auf seiner Farm lebte. Ich sollte im Marriott Hotel abgeholt werden, wo gegen Mitternacht ein riesiger Kerl in der Lobby erschien und mich zur Farm fuhr. Jones war allein und schlecht gelaunt. Die Texaner, maulte er, hätten ihn über den Tisch gezogen. Dann führte er mich in sein Labor. Auf den ersten Blick erschien mir der Prototyp der »Lumbal Extensions-Maschine« als eine Variante des elektrischen Stuhls. Ich setzte mich hinein und Jones betätigte die Spannvorrichtung, bis mein Becken sich nicht mehr bewegen konnte. Ich hatte ja schon einige Fixationen an Trainingsmaschinen erlebt, aber das hier übertraf alles, was ich kannte. Ich konnte tatsächlich nur noch den unteren Teil der Wirbelsäule bewegen durch die Kontraktion jener Muskeln im Kreuz, die bei den meisten Rückenpatienten eben zu schwach sind. Ich musste in sieben verschiedenen Winkelpositionen maximalen Druck gegen ein Polster zwischen meinen Schultern ausüben. Jones beobachtete den Bildschirm, auf dem meine Werte aufleuchteten. »Werner, your strength is much higher than your intelligence«, raunzte Jones einen seiner typischen Sprüche. Aufgrund der erhaltenen Kraftwerte ermittelte der Computer das Gewicht, das für die therapeutische Übung verwendet werden soll. Das entspricht fünfzig Prozent der gemessenen Maximalkraft. Ich musste das Gewicht bis zur lokalen Erschöpfung bewegen. Eine Minute und sechzehn Sekunden dauerte die Übung, bis ich mich buchstäblich nicht mehr bewegen konnte. Ich war erleichtert, als Jones die Spannvorrichtung löste. Aber die Prozedur war noch nicht zu Ende. »One minute rest. Then we check your strength again.« Der zweite Test verlief wie der erste: Maximalanspannung in sieben Positionen der Lendenwirbelsäule. Danach legte der Computer auf Jones Mausklick die Grafik des ersten und jene des zweiten Tests übereinander, so dass mein Kraftverlust durch die dynamische Übung sichtbar wurde. »Your lower back muscles are extremly fast twitch dominated«, meinte Arthur. »Fast twitch« bedeutet »schnell kontrahierend« und bezieht sich auf die Muskelfasern, die grob in »fast-« und »slow-twitch« unterschieden werden. Ein Muskel, der einen hohen Anteil an »schnellen« Fasern aufweist, ist zu kurzfristig hohen Krafteinsätzen fähig, ermüdet jedoch rasch und braucht eine relativ lange Erholungszeit. Umgekehrt sind von »langsamen« Fasern dominierte Muskeln zu länger dauernden, jedoch weniger hohen Krafteinsätzen geeignet, erholen sich aber auch schneller. Jones löste die Spannvorrichtung und entließ mich aus der Maschine. Erst jetzt erläuterte er mir den aus seiner Sicht wichtigsten Vorzug seiner Maschine.

Die Amerikaner bezahlen über hundert Milliarden Dollar pro Jahr für Rückenprobleme, Arbeitsausfälle, Operationen – »unnecessary ones«, wie Jones betonte – und Renten inbegriffen. Jones schätzte, dass etwa ein Drittel dieser »Patienten« die Rückenprobleme simulieren, weil sie früher in Rente gehen möchten. Indem beim zweiten Test der Bildschirm abgeschaltet oder aus der Sicht des Patienten entfernt würde, könnten Simulanten erkannt werden. Wenn nämlich die Interpolation der Kraftwerte des zweiten Tests als »Kraftkurve« nicht derjenigen des ersten Tests entspricht, bedeutet das, dass der Patient oder Proband »geschummelt« hätte. Jones rechnete fest damit, dass Versicherungsgesellschaften, aber auch große Unternehmen sich seiner Maschine bedienen würden und damit »billions of dollars« einsparen könnten.

In der Tat: Das Zahlenmaterial, das mir Jones mitgab und das ich noch im Hotel studierte, zeigte unmissverständlich, dass das Rückenproblem das Ausmaß einer Pandemie erreicht hatte. In den Unterlagen fanden sich auch die neuesten Studien von Michael Pollock, Professor für »Exercise Science« an der University of Florida, und von Professor Vert Mooney, einem der bekanntesten Orthopäden der USA. Nach ihren Untersuchungen war der Zusammenhang von Kraft bzw. Schwäche der Rückenmuskulatur und den chronischen Rückenschmerzen evident. Wenn das so ist und sich das Rückenproblem als ein Kraftproblem erweist, muss ich hier ansetzen und weitermachen, dachte ich. Am nächsten Morgen bestellte ich alle fünf Maschinen bei Arthur Jones, per Handschlag. Er notierte die Bezeichnungen der Maschinen und die Preise auf dem fahlgelben Blatt seines Notizblocks, den er stets in Griffnähe hatte, riss das Blatt heraus und gab es mir. »Send the money and get the machines. They will leave the factory next week.«

Im Flugzeug zurück nach Europa wurde mir erst bewusst, was geschehen war. Von Arthur Jones, einem Mann mit einem schillernden Charakter, von dem ich viel gelernt hatte, kaufte ich für eine halbe Million Dollar Maschinen, ohne genau zu wissen, was ich damit anfangen sollte. Wie bringe ich Menschen mit Rückenschmerzen in diese Maschinen? Ich wusste: Es steht Arbeit ins Haus. Die Pferde müssen warten.

Gespräche mit Arthur Jones
1978–2000

Während der Expansion meines Unternehmens in der
Schweiz besuchte ich Jones jährlich ein bis zwei Mal. Obwohl
die Begegnungen jeweils kurz waren – ein Abendessen und ein
Frühstück, ein Rundgang in der Fabrik – lernte ich derart
viele Fakten und Zusammenhänge, dass ich mich fragte: Wie
ist das nur möglich? Zumal Jones alles andere als ein angenehmer Zeitgenosse war. Obwohl Gabi und ich ihn mochten,
empfanden wir ihn beide fast als eine zwischenmenschliche
Katastrophe. Sein Humor war von jener Art, die empfindsa-
meren Naturen die Sprache verschlägt. Oft dachte ich, der
Mann ist mindestens hundert Jahre zu spät geboren. Männer
seines Schlages waren es wohl, die den Westen Amerikas in
Besitz nahmen. Er trug stets einen geladenen Revolver bei
sich. Auf meine Frage, warum er seine Waffe immer dabei
habe, antwortete er: »Probably, you don't need it. But when
you need it, you need it badly!«

Arthur Jones war in einer Ärztefamilie aufgewachsen, und
auch seine Geschwister sind Ärzte geworden. Mit vierzehn
war er zu Hause ausgerissen und nicht mehr zurückgekehrt. Er
wurde Großwildjäger in Afrika und importierte wilde Tiere
für amerikanische Zoos. Er drehte Tierfilme in Rhodesien, bis
im Zuge des politischen Umsturzes Mitte der 1960er Jahre
seine gesamte Ausrüstung konfisziert wurde. Er kam praktisch
mittellos in die Vereinigten Staaten zurück. So begann er, sich
mit Filmaufträgen eine neue Existenz aufzubauen.

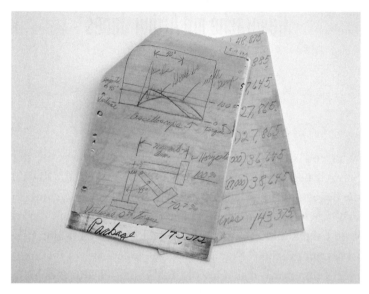

Skizzen von Arthur Jones

Seit seiner Jugend hatte Arthur Jones Krafttraining betrieben. Über die Jahre hinweg unternahm er mehrere Versuche, das Problem der Kraftkurve zu lösen. Er wusste, dass das Training mit der Hantel zwar produktiv, doch noch weit entfernt war von einer physiologisch sinnvollen Muskelbelastung. Nach der Entwicklung seiner »Pullover«-Maschine beschloss er, seine Erfindung zu publizieren. Im Zuge der Fitnesswelle stieg seine Firma Nautilus rasch zum Marktführer der Fitnessindustrie auf.

Aber Arthur Jones war auch ein gnadenloser Logiker, auch wenn seine Argumentationen manchmal von einer Simplizität waren, auf die man einfach nicht vorbereitet ist. Zur Diskussion über die Waffengesetze in der Ära Clinton meinte Gabi einmal: »Es ist gut, wenn das Tragen von Waffen verboten wird.« Dazu bemerkte Jones trocken: »What do you believe, who will rather follow this rule: the right ones or the criminals?«

Seine Schlagfertigkeit, die manchmal wie eine verbale Gewalttätigkeit wirkte, war gefürchtet, fand aber auch oft anerkennenden Applaus oder schmunzelnde Zustimmung. Anlässlich einer Demonstration seiner Maschinen fragte ihn einmal ein bekannter Orthopädieprofessor etwas ironisch: »Does one have to be a genious to understand your machines?« Jones: »No. But it's an advantage not to be an idiot.« Ein anderer wollte wissen, wie Jones sich erkläre, dass die meisten Football Coaches Schnellkrafttraining empfehlen. Jones: »To serve the youth of America, we should put all football coaches into a Jumbo Jet and crash it against a Rockface.«

Pippi Langstrumpf
1989

Die bei Arthur Jones bestellten Maschinen trafen pünktlich ein und einen Tag später auch die Techniker von MedX, um sie aufzubauen. Ich hatte noch einen Raum im Gebäude meines Studios frei. Da standen sie nun. Aber ich war mir noch immer nicht so recht im Klaren darüber, was ich nun mit meiner Investition anfangen sollte. Eine Kette von Physiotherapien eröffnen, das ist die Lösung, dachte ich. Also inserierte ich in der »Zeitschrift für Krankengymnastik« und schrieb eine Stelle aus. Bewerbungen trafen ein, und ich lud die Bewerberinnen ein; es waren fast ausschließlich Frauen. Die Gespräche allerdings verliefen durchweg entmutigend. Nachdem ich mein Konzept erläutert und die Maschinen vorgeführt hatte, fragten die meisten Zuhörerinnen: »Schön, aber wo ist jetzt die Physiotherapie?« Ich gewann eine Erkenntnis, die ich seitdem immer wieder bestätigt finde: Wir orientieren uns nicht an Zwecken, sondern an Erkennungsmerkmalen. Physiotherapie hat unter anderem den Zweck, Rückenpatienten schmerzfrei zu machen. Wenn derselbe Zweck mit anderen Mitteln als mit den gewohnten, jenen, die zu einer »richtigen« Physiotherapie gehören, erreicht wird, ist es keine Physiotherapie. Fast hätte ich resigniert, denn ich sagte mir, wenn diese Berufsleute derart engstirnig reagieren, komme ich mit ihnen nicht weiter.

Aber die Situation änderte sich durch einen Anruf aus Brüssel. Von dort rief mich eines Tages eine Frau Jürgens an. Sie sei

Christiane – erste Physiotherapeutin für
Medizinische Kräftigungstherapie

Krankengymnastin und interessiere sich für die ausgeschriebene Stelle. Die Stimme gefiel mir. »Nehmen Sie das nächste Flugzeug und kommen Sie her. Ich werde Ihnen alles zeigen.« Sie kam: schwarze Strümpfe, lange blonde Haare und große aufmerksame Augen. »Pippi Langstrumpf«, war mein erster Gedanke. Sie war die Richtige; sie hatte gleich begriffen, worum es ging. So dachte ich und erläuterte mein Projekt. Wir einigten uns schließlich in allen Punkten. Christiane Fritz, wie sie heute heißt, arbeitet seit 1989 im Unternehmen. Sie hat mit meiner Frau die erste Praxis für Medizinische Kräftigungstherapie aufgebaut.

Aufschlussreich ist auch die Kette von Ereignissen, die ihre Bewerbung ausgelöst hat. Ihr Mann, David, litt unter chronischen Rückenschmerzen, was eine Herausforderung für seine Frau, die Physiotherapeutin, darstellte. Er müsse wieder ins

Sportstudio mit seinem Rücken, meinte er, was sie irritierte. Wieso Sportstudio? Als sie dann mit ihm im Sportstudio war, verstand sie überhaupt nicht, worum es da überhaupt ging. In ihrer vierjährigen Ausbildung hatte sie nie etwas von Krafttraining gehört. Es wurmte die Fachfrau, dass sie keine Ahnung von diesem Treiben und seinen möglichen therapeutischen Effekten hatte. Dann sah sie mein Inserat: »Physiotherapeutin für therapeutisches Krafttraining und Studien gesucht.« Diese Koinzidenz genügte, um mich anzurufen.

Die Lösung des Rückenproblems
1990

1990 eröffneten meine Frau, mittlerweile Ärztin, und die Physiotherapeutin Christiane Fritz, vormals Frau Jürgens, die erste Praxis für medizinische Kräftigungstherapie. Behandelt wurden Patienten mit chronischen Rücken- oder Nackenschmerzen. Keine Pillen, keine Spritzen, keine Massagen, keine Fango-Packungen – nichts von dem, was in konventionellen und »anerkannten« Therapien angewandt wurde. Ausschließlich Kräftigungsübungen für die Muskulatur der Wirbelsäule. Nicht dass wir etwas gegen die konventionellen Verfahren gehabt hätten. Wir wollten einfach herausfinden: Was bringt die Kräftigung allein? Und was ist dran an der beliebten Hypothese, dass Rückenschmerzen ein »multikausales« und »psycho-soziales Syndrom« darstellen?

Die therapeutischen Erfolge waren spektakulär. Ich verfasste einen Artikel über die neue Technologie und schickte ihn an die »Neue Zürcher Zeitung«. Tatsächlich erschien er drei Tage später in der NZZ unter »Forschung und Technik«. Das war aber lediglich ein Anfang. Die Praxis der medizinischen Kräftigungstherapie erhielt mehr und mehr Publizität. Weitere Zeitungsberichte erschienen und das TV-Magazin »Puls« berichtete ausgiebig über die neuartige Rückentherapie. Solche Publizität lockte aber nicht nur Patienten an, sondern rief auch Neider auf den Plan. Der Fernsehsender erhielt Briefe von etablierten Fachärzten und Kliniken, in denen diese gegen die völlig »ungerechtfertigte« Publizität dieser »jungen

Ärztin« protestierten, da die etablierten Praktiker und Institutionen »doch auch ihre Arbeit machen«. Eine regelrechte Phalanx »gegen Kieser« hatte sich da aufgebaut. Das erfuhr ich allerdings erst, als diese schon wieder zusammengebrochen war. Denn es gab auch zunehmend Ärzte, die wissen wollten, was wir genau trieben. Und nachdem sie es erfahren hatten, wechselten die meisten von ihnen »die Front«. Von ihnen erfuhr ich, dass viele Patienten Operationstermine und Behandlungen mit der Begründung abgesagt hätten: »Ich war bei der Frau Dr. Kieser in der Kraftmaschine. Und seitdem sind meine Schmerzen weg.« Das hatte auf Seiten der Operateure nicht nur Begeisterung ausgelöst. Denn auch Kliniken haben ihr Budget und stellen ihre Hochrechnungen aufgrund der demographischen Entwicklungen an. Und der Großteil der Bevölkerung kommt nun mal – so ab 30 – in das »Rückenalter«.

Nach nur vier Jahren und Hunderten von Patienten war für alle an unserem Experiment Beteiligten klar: In acht von zehn Fällen chronischer Rücken- und/oder Nackenschmerzen liegt die Ursache in der zu schwach ausgebildeten Rückenmuskulatur. Das »Rückenproblem« ist in Wirklichkeit ein »Kraftproblem«, das in den meisten Fällen durch einige wenige Minuten in der Kraftmaschine einmal pro Woche gelöst wird. Die meisten konventionellen Maßnahmen stellen sich demgegenüber als Rituale dar, die zwar beruhigen, jedoch die Ursache des Problems nicht bekämpfen, geschweige denn beseitigen.

Das alles ereignete sich Ende der 1980er, Anfang der 1990er Jahre. Tausende von Patienten sind inzwischen ihre Rückenprobleme mit dieser einfachen, aber effektiven Maßnahme losgeworden. Fast zwanzig Jahre später, am Montag, dem 25. Juni 2007, bringt der Fernsehsender ARTE einen Themenabend zur »Neuen Rückenmedizin«. Aufgrund neuester Erkenntnisse würde jetzt auch Krafttraining im Rahmen der neuen Rückenmedizin eingesetzt. Gezeigt wurde die Arbeit in einer »Rückenklinik«. Man arbeitet mit den Patienten in Gruppen, natürlich »full-time«, einfühlsame Untersuchung, psychologische Gespräche, Gymnastik, Krafttraining, autogenes Training und vieles mehr. Das Ganze wird überwacht von Ärzten, Psychologen, Physiotherapeuten und so weiter. Der Aufwand ist enorm, denn schließlich geht es darum, der »Volkskrankheit Nr. 1« zu Leibe zu rücken. Die zwanzig Milliarden, die der deutsche Rücken jährlich kostet, sind deshalb nicht verloren. Sie sichern unzählige Arbeitsplätze und erhöhen das Bruttoinlandsprodukt. – Preisfrage: Auf wessen Kosten?

Am »Rückenproblem« zeigen sich Problematik und Ohnmacht konventioneller Therapieverfahren. Durch sie wird das Leiden chronisch und therapieresistent. Schon mehrmals berichtete die Presse von Therapieverfahren, die bei Rückenpatienten eine hohe Erfolgsquote erzielten. Dabei handelte es sich in nahezu allen Fällen um Experimente, die das Krafttraining für die unteren Rückenmuskeln zumindest als Teilmaßnahme enthielten. Die auf der Hand liegende Idee, dass das Krafttraining der therapeutisch wirksame Faktor, die Substanz der ganzen aufgewendeten (und bezahlten) Therapiepalette sein könnte, traut sich kaum jemand auszusprechen. Warum? Weil damit eine ganze Reihe von bisher akzeptierten und bezahlten Verfahren obsolet würde. In Wirklichkeit ist das »Rückenproblem« schon längst gelöst: Es gibt gar kein »Rückenproblem«, sondern lediglich ein Kraftproblem.

Fachleute müssten viel stärker darauf drängen, mehr zu erfahren. Der Grund, warum sich nur wenige dafür interessieren, wurde mir erst nach und nach klar: Wer zu neuen Ufern aufbricht, gibt Pfründe auf. Das würde eine innere Bereitschaft und äußere – materielle – Freiheit erfordern, die nicht sehr verbreitet ist. Menschen dieses Schlages sind rar, obwohl sie den Fortschritt vorantreiben. Die Blindheit gegenüber den Möglichkeiten des Krafttrainings wie auch seine dilettantische Anwendung, besonders in Reha-Kliniken, sind nicht zuletzt im Fehlen einer Gesamtsicht begründet. Das Wesen des muskulären Widerstandes und seine Bedeutung für unsere Gesundheit sind längst erkannt, aber noch immer nicht genügend bekannt. Es fehlt das Bezugssystem, das die Kohärenz von Praxis und Theorie gewährleistet: ein Konzept zur Kräftigung des Menschen. Aufbau und Erhaltung der Muskelkraft müssten eine Bedeutung erlangen, die mit jener der Hygiene vergleichbar ist: in der Kleinkindererziehung, in der Schule, im Erwachsenendasein und im fortgeschrittenen Alter. Es ist allein die Kraft der Muskeln, die uns aufrecht hält – ein Leben lang.

Der Weg nach Deutschland und die Bedeutung der Führung

1993

Vor 1990 lag Deutschland nicht in unserem Blickfeld. Dann wollte ein wohlhabender Kunde als Generalfranchisenehmer von Kieser Training in Deutschland expandieren. So eröffneten wir 1990 seinen Pilotbetrieb in Frankfurt am Main. Den Standort für den Betrieb hatte ich sorgfältig ausgesucht. Mit »sicherem Griff« wählte ich eine der übelsten Quadratmeilen Deutschlands, das Bahnhofsviertel von Frankfurt. Der Laden lief schlecht. Deshalb war mein Generalfranchisenehmer nicht mehr bereit, weiter zu investieren. So kaufte ich den Betrieb und damit die Rechte für Deutschland zurück.

Wie aber weitermachen? Ein Besitzerwechsel ändert ja vorerst noch nichts an der Ertragslage eines Unternehmens. Wir veranstalteten Vortragsabende im Studio, für Kunden und Interessenten. Schon bei der ersten Veranstaltung fiel mir eine Mitarbeiterin auf, die ebenso charmant wie eloquent die Hereinkommenden empfing und zum Vortragsraum geleitete. »Wer ist diese Frau?«, fragte ich den Betriebsleiter. »Ach, das ist Sonja Rogers. Die arbeitet hier aushilfsweise.« Ich merkte mir den Namen.

Im Hinblick auf die weitere Expansion in Deutschland ergaben sich für einen Betriebsleiter ganz neue Aufgaben, so dass die Stelle neu besetzt werden musste. Meine Frau und ich konnten schließlich Sonja Rogers gewinnen, ihren Teilzeitjob bei uns mit einer Vollzeittätigkeit und dazu noch in einer Führungsposition zu vertauschen. Das war gar nicht so einfach, da

MedX »Lumbar Extension« Maschine

Sonja zu jener Spezies gehört, der die persönliche Freiheit wichtiger ist als das Gehalt. Doch für uns bedeutete die Wahl einen Volltreffer. Sonja füllte den Laden innerhalb weniger Monate. Dank ihres Engagements wurde es in Frankfurt plötzlich »in«, bei Kieser in jenem schrägen Quartier zu trainieren. Am »Fall« Sonja wurde mir erstmals bewusst, was eine gute und entschiedene Führung bewirken kann, unabhängig vom Produkt. Leider drängte es Sonja nach einem Jahr zu neuen Ufern. Und sie fand eine Stelle in München, in der Filmbranche.

Patienten stärken ihren Rücken
1993

Hin und wieder setzte ich mich ins Wartezimmer der Praxis meiner Frau und hörte – »eine Zeitung lesend« – den Gesprächen der Patienten zu. Ich erfuhr einiges über das Verhalten von Krankenkassen, die Aussagen von Ärzten und die Wünsche und Vorstellungen von Rückenpatienten. Ein immer wiederkehrendes Motiv bestand in dem Wunsch, mit dieser Therapie irgendwie »weiterzumachen«. Die Patienten erleben ja nicht nur den Rückgang der Schmerzen und der damit verbundenen Behinderungen. Viele von ihnen lernen damit auch etwas völlig Neues kennen: ihre Leistungsgrenzen und deren Verschiebbarkeit. Einige befürchteten auch, dass sich nach Beendigung der Therapie die Schmerzen früher oder später wieder melden. Diese Überlegung klingt grundsätzlich plausibel. Denn die Muskelkraft bildet sich bei Nichtgebrauch wieder zurück. Deshalb befragte meine Frau ihre Patienten fünf Monate nach Ende der Therapie noch einmal. Sie wollte wissen, ob die Schmerzen wiedergekommen seien und was von der erworbenen Kraft noch vorhanden sei. Zu unserem Erstaunen waren auch die meisten ehemaligen Patienten, die nach Beendigung der Therapie kein weiteres Training machten, nicht nur schmerzfrei geblieben, sondern hatten ihre Kraft behalten. Das widerspricht eigentlich jeder trainingswissenschaftlichen Theorie. Es bot sich nur eine Erklärung an: Die Korrektur der sogenannten »intermuskulären Dysbalance« – einer Schwäche in der »Schlinge«, in der Muskeln zusammenarbeiten – bewirkte eine Änderung im Bewegungsmuster. Der Patient bewegt sich jetzt so, dass er seine erstarkten Rückenstrecker einsetzt, während er sie zuvor geschont hatte. Mit anderen Worten: Er bewegt sich jetzt richtig. Vorher »hinkte« er mit seinem Rücken.

Ich jedenfalls registrierte in meinem Kundenstamm eine Zunahme ehemaliger Patienten meiner Frau. Durch die Therapie wurden sie trainingstauglich. Das brachte uns auf die Idee, mit dem Kieser Training und der medizinischen Kräftigungstherapie ein Gesamtpaket zu schnüren und damit zu expandieren. Meine Frau und ich beschlossen, damit auch unseren deutschen Nachbarn den Rücken zu stärken.

»Die Seele der Muskeln«
1994

Eines Morgens kam Tom Voltz, ein befreundeter Publizist, auf einen Kaffee in mein Büro. Er sei auf dem Weg zum Walter Verlag mit dem Manuskript seines neuen Buches »Der Medikamentensparer«, in dem er nachweise, dass die sogenannten Generika bis zu 79 Prozent billiger sind als die Originalmedikamente. »Tom, ich hab da auch noch ein Manuskript liegen. Vielleicht hat dein Verlag ja den Mut, es zu drucken.« Einige Wochen zuvor hatte ich wieder einmal »Razzia« bei meinen Papieren gemacht und es geschafft, das, was übrig geblieben war, zu einem einigermaßen kohärenten Ganzen zu bündeln. Texte brauchen einen Titel. Mein Text war zwar kein philosophischer, berührte aber das in der Philosophie als Leib-Seele-Problem bekannte Thema. Daher mein Titelvorschlag: »Die Seele der Muskeln«. »Kein Problem«, meinte Tom. »Gib mir das Manus.«

Einige Stunden später: Ich war schon wieder tief ins operative Geschehen meines Unternehmens eingetaucht, da rief mich ein Herr Niemann, Geschäftsführer des Walter Verlages, an. »Wir möchten Ihren Text herausgeben«, eröffnete er mir. »Wann können Sie vorbeikommen – für die Vertragsunterzeichnung?« Natürlich hatte ich die Hoffnung gehegt, dass der Verlag Interesse zeigen würde. Aber ganz ernsthaft damit gerechnet hatte ich nicht, zumindest nicht so schnell.

Als das Buch dann – mit dem Untertitel »Krafttraining jenseits von Sport und Show« – erschien, löste es einige interes-

Titelseite der Erstausgabe

sante Reaktionen aus: Die »Fitnesstribune« empörte sich über das Kapitel »Die Fitnessszene – ein hoffnungsloser Fall«. Und Leser in Bayern monierten »Seitenhiebe gegen die Kirche«, die ich auch nach mehrmaliger Durchsicht meines Textes nicht finden konnte. Aber ich erhielt auch Einladungen für Lesungen. Die für mich ehrenvollste Lesung fand in der »Katakombe«, dem Keller der Genossenschaftsbuchhandlung am Helvetiaplatz in Zürich, statt. An einem Ort zu lesen, wo Bertolt Brecht und Ludwig Hohl, Max Frisch und Friedrich Dürrenmatt gelesen hatten, war für mich schmeichelhaft, aber freute mich deshalb natürlich besonders. Die »Katakombe« war brechend voll. In der Folge dieser Publizität drehte der TV-Kulturkanal 3SAT unter Leitung von Rosemarie Pfluger ein halbstündiges Porträt von mir.

»Die Seele der Muskeln« erwies sich als »Türöffner« bei

vielen Angehörigen einer eher kritischen Berufsgruppe: den Journalisten. Denn das Buch wirft viele Fragen auf und stellt noch mehr in Frage. Das Buch hat sich, wie mein erstes, »Leistungsfähiger mit korrektem Krafttraining«, als »Longseller« erwiesen. Es erschien kürzlich in zwölfter Auflage. Ich muss deshalb oft an das Diktum meines Lehrers Gotthilf Hunziker denken: »Wer schreibt, der bleibt.«

»Ist das eine Kunstausstellung?«
1995

Wer im Ausland expandieren will, braucht Geld, viel Geld. Das aber hatte ich nicht. Also musste ich Kapital beschaffen. Deutsches Geld für unsere Expansion in Deutschland war meine Devise. Die Betriebsgesellschaft der Deutschen Bank zeigte sich interessiert. Meine Bedingungen waren stets dieselben: Der Geldgeber hat die Kapitalmehrheit, ich die Stimmenmehrheit. An diesem Punkt scheiterten jeweils die Verhandlungen. Renzo Schmid, genialer Finanzfachmann und Kieser Training-Kunde, gewann schließlich eine Schweizer Pensionskasse für das Projekt.

Wir begannen in Hamburg. Hamburg gilt als die Pressestadt Deutschlands, wie wir wussten. Den guten Draht, den wir in der Schweiz zur Presse hatten, wollten wir auch in Deutschland herstellen. »Deutschland werden wir vom Norden her aufrollen«, meinte Gabi optimistisch in Generalstabsattitüde. »Ein einziger Betrieb in einer so großen Stadt ist da aber wohl etwas mickrig«, befand ich. »Wir werden zwei gleichzeitig aufmachen, dann sind wir nicht zu übersehen«, versicherten wir uns. Wir organisierten also eine aufwändige Presse-Einladung, der ungefähr siebzig Personen folgten. Wein, Brötchen, Früchte und Dessert – alles wurde prompt aufgezehrt. Und wir erwarteten ein erfrischendes Echo in der Presse. Doch niemand schrieb etwas. Nichts. Überhaupt war hier vieles seltsam. Dass wir Geld brachten und Arbeitsplätze schafften, interessierte offensichtlich niemanden. Schweizer?

216

An solch prominenten Lagen in der Stadt? Ob das Geldwäscher sind? Man war vorsichtig. Die Beschaffung der Baugenehmigung, der Gewerbebewilligung und all der anderen bürokratischen Kulthandlungen ermöglichten mir einen tiefen Einblick in die zementierte Staatsgläubigkeit des deutschen Volkes. »Da benötigen Sie erst die Bescheinigung B!« oder »Reichen Sie ein Gesuch mit dem Formular C ein!« Ich empfand das alles als überflüssig. Aber ich musste lernen: Das Ansehen von Staatsbeamten ist hier ein anderes als in der Schweiz. Wer in der Schweiz bekennt, »beim Staat« zu arbeiten, setzt sich womöglich dem Verdacht persönlicher Unfähigkeit aus.

Schließlich aber waren die beiden Betriebe eröffnet. Wir hatten die Stadt mit Plakaten bestückt. Doch nur wenige, viel zu wenige Leute kamen. »Ist das eine Kunstausstellung?«, fragte eine ältere Dame. Sie betrachtete interessiert unsere Maschinen und fand, das seien »schöne Objekte«. Andere fragten: »Wird das ein Fitness-Studio? Wann ist es fertig?« Ein Hamburger Sportstudiobesitzer kam ganz aufgeregt zu mir. »Sind Sie der Chef?« Ohne eine Antwort abzuwarten, legte er los: »Das ist ja ganz grauenhaft, was Sie da machen. Grauenhaft. Keine Hanteln. Das können Sie doch nicht machen. Keine Pflanzen, keine Bilder, keine Musik! Schauen Sie doch mal bei mir rein. Da sehen Sie, wie ein gemütliches Studio aussieht.« Ich versprach, gelegentlich bei ihm reinzuschauen.

Wir hatten in Hamburg eine Wohnung gemietet, um die Entwicklung aus nächster Nähe zu steuern. Alle ein bis zwei Wochen fuhren wir nach Zürich. Während der Verwaltungsratssitzungen in Zürich trübte sich die Stimmung von Mal zu Mal. Die Vertreter der Pensionskasse sahen schwarz. »Wie soll das nur weitergehen?«, fragte der Direktor der Pensionskasse.

»Es wird sich ändern. Es muss sich ändern«, beteuerte ich, obwohl ich keine Ahnung hatte, wann und wie. Das war wieder so ein Moment, wo mich meine Gewissheit trotz Fehlens jeglicher Evidenz selber erstaunte. »Wie konnten Sie bloß die Mietverträge für München und Köln schon unterschreiben, ohne zu wissen, wie das in Hamburg anläuft?« Was sollte ich da entgegnen? »Flucht nach vorne«, war meine Antwort. Ich spürte es: Die Vertreter der Pensionskasse hatten das Projekt innerlich schon aufgegeben und versuchten zu retten, was zu retten war.

Dann eröffneten wir einen Betrieb in Köln. Der Kundenstamm entwickelte sich hier schneller als in Hamburg. Im Sommer 1995 eröffneten wir den Münchner Betrieb. Hier verlief die Entwicklung noch wesentlich rascher. Mit den beiden Hamburger Betrieben, den Betrieben in Köln, Frankfurt und München war die Grundlage für die weitere Expansion via Franchising in Deutschland gegeben. Wirtschaftlich sah es jedoch nach wie vor schlecht aus.

Die Wende kam langsam, fast unmerklich. Erst ein leichtes Ansteigen der Monatsumsätze. Das Ende des Tunnels? Tatsächlich. Kontinuierlich verbesserten sich die Zahlen. Wir konnten mit dem Franchising beginnen.

Als potenzielle Franchisenehmer waren natürlich in erster Linie Ärzte prädestiniert, denn wir lösen schließlich ein medizinisches Problem. Deshalb planten wir auch einen Kongress in Würzburg. Der Kongress war mit über vierhundert Fachbesuchern äußerst erfolgreich. Diesen Erfolg verdankten wir vor allem unseren Referenten aus den USA: Vert Mooney, Ted Dreisinger, Michael Pollok, Ellington Darden und David Carpenter waren berühmte Namen in der Fachwelt. Ein Kongressbesucher, Arzt und später einer unserer Franchisenehmer, drückte es so aus: »Als ich den Prospekt mit der Einladung für den Kongress von Kieser las, traute ich meinen Augen nicht. Wie kommt der an diese Koryphäen? So eine gewöhnliche Mucki-Bude kann das ja wohl doch nicht sein.« An diese »Koryphäen« heranzukommen war denkbar einfach: Meine Frau und ich waren mit ihnen befreundet seit unserer Ausbildung an der Universität von Florida.

Gemeinsam mit den Forschern Vert Mooney, Ted Dreisinger und vielen anderen machten wir einen Lehrgang für die Anwendung und Handhabung der MedX-Maschinen. Der Lehrgang war so gestaltet, dass stets zwei Personen gemeinsam übten und sich in den Rollen »Patient« – »Therapeut« abwechselten, bis alles fehlerlos lief. Das verbindet.

Der erfrischende Pragmatismus und die hervorragende Präsentation der amerikanischen Kollegen haben die Kongressbesucher nachhaltig beeindruckt. Erste Interessenten für ein Franchise-Abkommen meldeten sich. Es kam Bewegung in die Sache. Die ersten Franchisenehmer von Kieser Training waren Ärzte, die auch gleich selbst den medizinischen Part im Betrieb übernommen haben.

Auf der Suche nach
der perfekten Übung

1996

Unsere Betriebe waren mit amerikanischen Trainingsgeräten ausgerüstet. Arthur Jones hatte bei seiner »Lösung des Rückenproblems« so viel gelernt, wie er sagte, dass er es nicht bei den fünf Typen der »Medical«-Maschinen belassen wollte. Da die Käufer seiner Firma Nautilus ihn seiner Meinung nach betrogen hatten, fühlte er sich nicht mehr an das Konkurrenzverbot gebunden. Er kreierte deshalb eine neue »Exercise«-Linie. Diese Maschinen hatten gegenüber ihren Vorgängern, den Nautilus-Maschinen, einige zusätzliche Vorteile. Die Reibung war praktisch eliminiert, was allerdings einen erhöhten Material- und Fertigungsaufwand erforderte. Bei Trainingsmaschinen entspricht die Bedeutung der Reibung etwa jener der Lichtstärke bei Foto-Objektiven. Je besser, desto teurer. Eine billige oder schlecht gewartete Trainingsmaschine hat eine höhere Reibung. Wenn das Gewicht nach oben gebracht wird, ist es um einen entsprechenden Betrag schwerer, was ja keine Rolle spielen würde. Wenn es jedoch wieder abgesenkt wird, bremst die Reibung um denselben Wert, und das Gewicht wird für den Trainierenden leichter. Muskelphysiologisch ist der Muskel in der exzentrischen Phase, eben beim Herunterlassen, wesentlich stärker. Mit anderen Worten: Man kann ein höheres Gewicht besser senken als heben. Deshalb sollte das Gewicht in der Absenkphase keinesfalls leichter sein. Einige

Wissenschaftler bei Weinprobe – normative Werte
nicht immer gar so normativ

weitere Vorzüge dieser Maschinen sicherten ihnen einen Spitzenplatz innerhalb des heiß umkämpften Fitnessmarktes.

Bald jedoch genügte die Gerätelinie von MedX nicht mehr unseren Ansprüchen. Wichtige Maschinen waren nicht im Programm und fanden sich auch bei anderen Anbietern der Fitnessindustrie nicht. Offensichtlich produziert die Geräte-Industrie nicht das, was nötig, sondern das, was gefragt ist. Arthur Jones weigerte sich schon zu Nautilus-Zeiten lange, eine Bauchmaschine herzustellen. »A waste of time and matter. Nobody needs an abdominal machine.« In der Tat: Die Bauchmuskeln sind – mit den Wadenmuskeln – jene Muskeln, die den geringsten Kraftzuwachs erzielen. Warum? Weil sie schon »trainiert« sind, allein durch die Anforderungen im Alltag. Doch schließlich gab Jones dem Druck der Nachfrage nach. Denn die meisten Studiobesitzer schrien nach Bauch-maschinen, weil ihre Kunden glauben, mit Bauchübungen am Bauch abzunehmen – ein physiologischer Unsinn, da kein Zu-sammenhang zwischen der Topographie der Fettablagerung und den Muskeln besteht.

Aber mit dem aktuellen Geräteangebot wurden wichtige Muskeln auch nicht erfasst. Zum Beispiel die Fußheber und die Muskeln der »Rotatorenmanschette«. Beide sind jedoch therapeutisch von erheblicher Bedeutung.

Ich kaufte von Jones die Lizenz zur Produktion in Europa. Nun hatte ich freie Hand, die Weiterentwicklung der Maschi-nen selbst zu betreiben. Es war für mich wichtig, den Sach-zwängen der Fitnessindustrie zu entkommen. Heute ist ein Drittel der Maschinen in den Kieser Training Betrieben ex-klusiv. Und alle Maschinen sind TÜV-zertifiziert. Doch die Entwicklung geht weiter. Wir arbeiten an Trainings- und Therapiemaschinen für die Brustwirbelsäule, die Füße, für die Halsmuskulatur und die Gesichtsmuskeln. Ein weites, offenes Feld mit noch kaum ausgeschöpftem Potenzial. Vert Mooney, amerikanischer Professor für Orthopädie, korrigiert die ver-krümmten Wirbelsäulen von Kindern erfolgreich mit Kraft-training. Er hat seine Resultate publiziert, lud seine Kollegen zur Demonstration des Verfahrens ein. Doch keiner von ih-nen kam. Sein – oder besser: ihr – Problem war: Mooney löst ein medizinisches Problem nicht mit medizinisch anerkann-ten Mitteln, ein Arzt, der »fremdgeht«.

Die großartigen Resultate, die das Training zeitigt, werden naturgemäß erst sichtbar, wenn das Beobachtungsspektrum begrenzt ist. Durch die Spezialisierung auf die Kräftigung er-geben sich bei unseren Ärzten, Sportwissenschaftlern und Mitarbeitern Fragen, die weit über das hinausgehen, was die offizielle Wissenschaft beantworten kann. Auch zeigte es sich, dass sogenannte normative Werte nicht gar so normativ sind, wie sie scheinen. So existieren beispielsweise unterschiedliche Angaben über das normative Kraftverhältnis von Muskeln untereinander. Auf die Frage, wie das Kraftverhältnis der Bauch- zur Rückenmuskulatur oder des Trizeps zum Bizeps sein soll, gibt es unterschiedliche »Normen«. Ebenso fehlen brauchbare Daten über das Verhältnis von Trainingsumfang und Trainingsintensität, konkret etwa die Antwort auf die Frage, ob mit wachsendem Kraftzuwachs der Trainingsumfang erhöht oder gesenkt werden soll.

Ich führte seit langem eine »Liste offener Fragen«, zu denen ich Antworten suchte. Da ich in der Literatur nicht fündig wurde, lud ich sechs führende Professoren zu periodisch wiederkehrenden zweitägigen Gesprächen ein. Ich wollte den Stand des Wissens erkunden und auch Möglichkeiten einer künftigen Zusammenarbeit mit Universitäten und anderen Forschungsinstituten klären. Das Ergebnis dieser Treffen war marginal. Die Professoren machten mir klar, dass zur Beantwortung meiner Fragen eben Studien gemacht werden müssten. Als ich mein Problem dem amerikanischen Wissenschaftler Dave Carpenter von der Universität Florida darlegte, meinte er: »You have the better data base than any institution in this world. You got three hundred thousand member, all are doing the same. No University and no chain of clinics have comparable conditions. Do your own research!«

2002 gründeten wir unsere eigene Forschungsabteilung. Wir begannen erst einmal damit, das umfangreiche, jedoch wenig zielgerichtete Material aus unserem Fachgebiet zu ordnen. Bald stellten wir fest, dass wesentliche Fragen noch nicht, oder nur unvollständig angegangen wurden. Zum Beispiel die Fragen, ob die Übersäuerung der Muskulatur notwendig ist für einen Trainingseffekt; ob Kraft und Ausdauer gleichzeitig

trainiert werden können oder welcher Wirkungszusammen-
hang zwischen Schmerzreduktion und Kraftgewinn besteht.
Wir beschafften uns das modernste EMG-Gerät. Mit diesem
können wir bei jeder Maschine feststellen, ob sie auch tatsächlich die Muskeln trainiert, für die sie konzipiert ist. Forschung
ist mühsam, aber notwendig. Mir bleibt nichts anderes übrig
als im Sinne des Brecht-Zitats zu handeln: »Lass dir nichts
einreden – geh selber hin und sieh nach.«

Ein leibhaftiger Präsident
1996

Ich verstand mich stets als Unternehmer, nie als Funktionär. Dass ich 1996 dennoch Präsident des Schweizer Franchiseverbandes wurde, ist erklärungsbedürftig: In den 1990er Jahren zeigte sich ein Phänomen in der Weltwirtschaft, das in dieser Größenordnung bis dato unbekannt gewesen war: das Fusionsfieber. Der große Ausverkauf begann so, wie Brecht das mit seiner Fischmetapher beschrieben hatte. Die Großen fraßen zunächst die Kleinen; die noch Größeren fraßen die Großen, die eben noch die Kleinen gefressen hatten. Und so weiter. Dieses Phänomen wurde schon im 19. Jahrhundert von Karl Marx, Ferdinand Lassalle und anderen Sozialrevolutionären als »Expropriation der Expropriateure« beschrieben. Lassalle, der Begründer der Sozialdemokratie, spekulierte gar mit der Annahme, dass am Ende dieses Prozesses nur noch ein einziger Eigner übrig bliebe und dann mit einem Federstrich im Gesetzbuch das Privateigentum abschaffen würde.

Dieser Expropriationsprozess würde zuerst die Mittelschicht eliminieren und damit eine politische Radikalisierung herbeiführen, wie eben beschrieben. Mir wurde plötzlich die Logik der Koinzidenz von dem Ausbruch des Fusionsfiebers und dem Zusammenbruch der Sowjetunion 1991 klar. Solange ein alternatives Gesellschaftsmodell – eben der real existierende Sozialismus – bestand, waren dem Kapitalismus Grenzen gesetzt. Es waren weniger die Gewerkschaften, die dem

Großkapital Zugeständnisse abrangen als der Russische Bär, der als drohendes alternatives Gesellschafts- und Wirtschaftsmodell fungierte, dessen Übergreifen verhindert werden musste. Dem Zusammenbruch des Sozialismus folgte fast zwangsläufig die Entfesselung des Kapitalismus.

Franchising ist bildlich gesprochen die industrielle Produktion von Mittelstand. Franchisesysteme expandieren rasch oder stürzen ab. Die Expansion bedeutet die Entstehung vieler Klein- und Mittelbetriebe und die Schaffung von Arbeitsplätzen. Und das gilt es zu fördern, dachte ich mir und nahm den Antrag zur Präsidentschaft an. In den zehn Jahren meiner Präsidentschaft hatte ich Einblick in viele Franchisesysteme, ihren Aufstieg und ihren Niedergang. Das führte mich zu einer neuen »Liebe«, die ich während dieser Zeit entdeckte und verfolgte, der Systemtheorie. Die Erkenntnis, dass Systeme eine Art Eigenleben entwickeln und Mechanismen zu ihrem Schutz bilden, erklärte mir vieles, das ich ohne diese Einsicht nicht verstanden hätte. Die Bücher des Soziologen Niklas Luhmann waren für einige Jahre stete Begleiter auf meinen Reisen. Wenngleich ich mit meiner Präsidentschaft kaum Einfluss auf die Marginalisierung der Mittelschicht nehmen konnte, so habe ich doch aus der Beobachtung von Systemen wertvolle Erkenntnisse gewonnen, die ich auch anderen zugute kommen ließ und lasse, etwa durch Vorträge und Publikationen.

Faulpelzzucht – gesetzlich geschützt
2004

Bekanntlich macht Gelegenheit Diebe. Weniger bekannt ist aber, dass im Schutze der Gesetze Faulpelze gedeihen. Drei Fälle, stellvertretend für eine Vielzahl, zeigen diese Tendenz deutlich.

Mein Ausbildungsleiter in Köln bat mich eines Tages, ein Schreiben zu lesen und ihm zu sagen, was er davon halten solle; ob es sich um einen Spaß handle oder ob das ernst gemeint sei. Das Schreiben kam von einem Mann aus München. Die Vorgeschichte: Besagter Ausbildungsleiter hatte vor einigen Wochen per Zeitungsinserat eine Sekretärin gesucht. Mehrere Bewerberinnen meldeten sich, er lud einige zum Vorstellungsgespräch ein und stellte dann eine von ihnen ein. Kurz darauf erhielten wir ein Bewerbungsschreiben eines Betriebswirtschaftlers aus München. Wir teilten ihm mit, dass die Stelle bereits anderweitig vergeben sei. Daraufhin schickte er einen weiteren Brief, in dem er uns, die Firma beschuldigte, das männliche Geschlecht zu diskriminieren, weil wir eine Sekretärin und nicht auch einen Sekretär ausgeschrieben hatten. Er forderte eine Entschädigung von mehreren tausend Euro, andernfalls würde er vor Gericht ziehen. Ich glaubte zunächst, es handle sich um einen Scherz. Sensibilisiert durch meine Erfahrungen mit der deutschen Rechtsprechung, leitete ich das Schreiben sicherheitshalber zu unserer Juristin nach Frankfurt weiter. Zu meiner Überraschung befand sie, dass das in der Tat eine ernst zu nehmende Sache sei und dass der Schreiber das

Gesetz auf seiner Seite hätte. Allerdings war sie überzeugt, dass es sich hier um ein professionelles Vorgehen handelte und empfahl uns, den »Bewerber« zu einem »Bewerbungsgespräch« in ihrer Kanzlei einzuladen, was wir auch taten. Daraufhin sagte der »Bewerber« ohne weiteren Kommentar ab.

Ein Mann schrieb mir, dass er sich mit unserem Training geschädigt hätte, vor Schmerzen nicht mehr arbeiten könne und nun 250 Euro pro Tag als Schmerzensgeld für die nächsten zwei Jahre haben wolle. Natürlich drohte er mit der »Presse«, beteuerte, »Gutachten« zu besitzen, und beschimpfte uns, vier Jahre Therapie zunichte gemacht zu haben. Ich ging der Sache nach, fragte in dem entsprechenden Betrieb nach der Stammkarte und dem Trainingsprogramm dieses »Kunden«. Ich erkundigte mich beim Arzt des Betriebes, ob sich der Mann denn nicht hätte beraten lassen. Aber niemand wusste, um wen es sich eigentlich handelte. Es war nichts da. Keine Karte, keine Stammkarte, nichts. Erst die Agenda brachte Licht in die Sache. Denn schließlich fand sich sein Name in der Liste für Einführungstrainings – die lediglich Informations- und Testcharakter haben. Die Instruktorin erinnerte sich, dass der Betreffende sich nur ein, zwei Übungen hätte zeigen lassen, dann aber mit der Bemerkung, er sei »leider in Eile, würde sich aber bald wieder melden«, auf Nimmerwiedersehen verschwand. Der Fall war klar. Ich schrieb ihm, dass ich seinen Versuch, zu Geld zu kommen, angesichts der Beschäftigungslage in Deutschland durchaus nachvollziehen könne. Aber ich würde einen Prozess einer Zahlung vorziehen. Auch von diesem »Kunden« hörte ich nichts mehr.

Einem Mitarbeiter, der als »Selbstständiger« bei uns arbeitete und uns als solcher Rechnungen stellte, schickte ich weg, als wir feststellten, dass er uns betrogen und bestohlen hatte. Ein halbes Jahr danach kam seine Partnerin, eine Juristin, auf die Idee, dass er eigentlich gar nicht selbstständig gewesen sei, und klagte gegen uns. Das Gericht urteilte tatsächlich, dass hier kein Fall von Selbstständigkeit vorliege und wir Lohn und Sozialabgaben nachzahlen müssten, außerdem noch einen vierstelligen Betrag wegen der »ungerechtfertigten fristlosen Entlassung«, die dem Kläger seelisches Ungemach bereitet hätte.

In diesem Zusammenhang hatte mir Arthur Jones einmal erzählt, dass in einem Haftpflichtfall in den USA einem Kläger einmal eine Million Dollar zugesprochen worden seien, dieser aber nur fünfzehntausend erhalten habe, weil das Honorar des Anwalts 985 000 Dollar betragen hätte! »Eine Bande von Gaunern und Tagedieben, das sind die Anwälte in Amerika«, pflegte er zu sagen. »Aber du wirst sehen, in Deutschland kommt es ebenso.« Eine aufgeblähte Bürokratie und deren Folge, das Gerangel um die Macht, »Politik« genannt, bilden auch den Nährboden für Drückeberger und Faulpelze.

»Form und Farbe« – mein zweiter Zugang zur Kunst

2000

Madeleina Liesch, unsere Nachbarin, ist Kunstmalerin. Eines Tages traf ich sie, wie so oft, beim Leeren ihres Briefkastens, der neben dem unseren angebracht ist. »Du kennst doch den Hans-Jürg Mattmüller?«, fragte sie. »Freilich kenne ich den. Wie geht es ihm mit seiner Schule?« Madeleina schloss den Briefkasten wieder zu. »Nicht gut. Die wollen ihm die Schule wegnehmen. Da hat sich so eine Art Junta gebildet in dem Verein. Nächste Woche ist Generalversammlung. Werde doch Vereinsmitglied, dann hat er eine Stimme mehr.« Ich rief meinen alten Schulfreund Peter Schweri an, um Genaueres zu erfahren. Er hatte wohl etwas gehört, wusste aber nicht genau, worum es ging. »Ich werde zur Generalversammlung gehen. Dann hat Hans-Jürg eine Stimme mehr«, informierte ich ihn. »Und ich werde Hoby sagen, dass du da hingehst, wenn du nichts dagegen hast.« Hoby ist Kulturbeauftragter der Stadt Zürich. Und die Stadt war, wie ich später erfuhr, an der Schule finanziell beteiligt.

Am nächsten Tag rief mich Jean-Pierre Hoby an und bat mich, für den Vorstand zu kandidieren, denn voraussichtlich würde der gegenwärtige Vorstand unisono abgewählt und dann sollte ein neuer bereitstehen. Ich witterte die Falle und versuchte, ihr auszuweichen: »Ich hab wenig Zeit und kann kaum an allen Sitzungen teilnehmen, da ich mich oft im Ausland aufhalte. Administrative Vereinsarbeiten kann ich mir schon gar nicht leisten.« Für Herrn Hoby war das alles jedoch kein Problem. Ich müsse da einfach einspringen. Alles andere ergebe sich dann von selbst.

Lange bevor die Generalversammlung begann, war der Raum überfüllt. Die Schule war in einer Zeit gegründet worden, in der basisdemokratische Gründungen im Schwange waren. Doch Hans-Jürg Mattmüller führte die Schule erfolgreich, allerdings autokratisch. Alle Studenten waren automatisch Vereinsmitglieder. Der Vorstand präsentierte eine Jahresrechnung mit 300 000 Franken Gewinn. Wo sich dieser befand, wusste jedoch niemand; und die Schule litt unter Liquiditätsnöten. Der Vorstand wurde abgewählt und ein neuer Vorstand, zu dem auch ich gehören sollte, vorgeschlagen. Der Vorstand wurde gewählt und konstituierte sich in der folgenden Woche. Die Vorstandsmitglieder waren Künstler, Architekten und ein Kunstprofessor. Alles hervorragende Fachleute auf ihrem Gebiet. Ich dagegen, als einziger Unternehmer, war ein Fremdling im Kunstbetrieb. Vielleicht deshalb wurde ich zum Präsidenten vorgeschlagen – und gewählt.

Mein nunmehr genauerer Einblick und die in Auftrag gegebene Revision ließ ein betrübliches Bild von der betriebswirtschaftlichen Situation der Schule erkennen. Die dreihunderttausend Franken Gewinn erwiesen sich als Verlust in exakt dieser Höhe. Was tun? Das Organigramm, das mir Hans-Jürg Mattmüller zeigte, war derart komplex, dass ich damit wenig anfangen konnte. Es gab viele Chefs, aber keinen eindeutigen Boss. Kurz: ein Chaos, basisdemokratisch gewachsen über dreißig Jahre. Ich suchte und fand einen geeigneten Rektor und stellte ihn dem Vorstand vor. Sandi Paucic, der neue Rektor, erhielt alle Vollmachten mit der Auflage, den »Kern« der Schule, den eigentlichen Kunstbegriff, mit dem sie groß geworden war, nicht anzutasten. Sandi Paucic leistete ganze Arbeit, wie ich aus den Briefen ersah, die ich von empörten und altgedienten Lehrern der Schule erhielt. Bei einem unserer monatlichen Besprechungen meinte Sandi Paucic: »Du hast mir ja zur Auflage gemacht, nicht ans ›Eingemachte‹ zu gehen. Aber das müssen wir jetzt.« – »Was meinst du damit?«, fragte ich ihn, denn ich konnte mir nicht vorstellen, dass die Ausrichtung der Schule nicht mehr der Zeit entsprach. »Die Inhalte sind etwas angestaubt«, meinte er und erläuterte mir, was er *genau* meinte.

Ich begriff plötzlich: Mein Kunstbegriff war noch immer in den frühen 1980er Jahren angesiedelt. Ich war stehen geblieben, den Wandel auf diesem Gebiet hatte ich nicht mitbekommen; ich war schlicht alt geworden. Das Thema »Kunst« hatte ich seit Jahren abgehakt, davon ausgehend, dass damals ein Höhe- und Endpunkt und damit ein Stillstand erreicht worden sei. Meine Altklugheit war weg. Sandi Paucic setzte mich wieder in Bewegung, wie ein Uhrwerk, das unbemerkt lange Zeit stillgestanden hatte. Die Welt wurde wieder farbiger, ich besuchte Ausstellungen, las Bücher zum Thema und fand in den sechs Jahren meiner Präsidentschaft der Kunstschule den Anschluss an eine Epoche, die – von mir unbemerkt – fortgeschritten ist.

Die Schule schreibt heute wieder schwarze Zahlen und wurde in eine Stiftung umgewandelt. Hans-Jürg Mattmüller, ihr Gründer, hat die Renaissance seiner Schule noch erlebt. Am 23. Dezember 2006 ist er gestorben.

Die Droge des Denkens

2000

Gegen Ende des 20. Jahrhunderts wurde mir klar, dass wir früher oder später in den englischsprachigen Raum expandieren sollten. Mein Englisch war leidlich gut, reichte jedoch nicht für einen wissenschaftlichen Disput oder einen wissenschaftlichen Vortrag in englischer Sprache. Eine Sprachschule besuchen? Ich schaute mir die Angebote an, aber so richtig Appetit auf das Gebotene stellte sich nicht ein. Ich könnte ja auch ein Philosophiestudium an der Open University, der ersten Fern-Universität der Welt machen, überlegte ich. So könnte ich das Interessante, die Philosophie, mit dem Nützlichen, der sprachlichen Ausbildung, verbinden. Ich immatrikulierte mich und begann mein Studium. Als mich einmal ein Professor nach meinen Motiven für das Studium fragte, antwortete ich »to brush up my english«. Er schaute mich mit großen Augen an und entgegnete, fast ein wenig bewundernd: »That's the hard way doing it.« Wie recht er hatte, wurde mir erst im Laufe des Studiums bewusst. Die Anforderungen stiegen laufend. Meine sprachlichen Fähigkeiten allerdings auch.

Nachdem ich den »BA« (Bachelor of Arts) erworben hatte, nahm ich mir vor, eine Weile von den Büchern zu lassen. Doch schon nach wenigen Wochen fehlte mir die tägliche Auseinandersetzung mit all den Denkern, die ja schon lange tot waren. Mir fiel oft der Satz aus einem Lied von Wolf Biermann ein: »Wie nah sind uns viele, die tot sind, und wie fern viele, die leben.«

Tatsächlich vermisste ich diese »Toten«, hatte mich schließlich über Jahre mit ihnen angefreundet.

Anfang 2007 schrieb ich mich für das Master-Studium ein. »Wie kommst du bloß darauf, mit 67 noch zu studieren?«, werde ich von etwa Gleichaltrigen manchmal gefragt. Da kann ich nur zurückfragen: »Wie kommst du dazu, den Rest deines Lebens auf dem Golfplatz zu verbringen oder ohne Notwendigkeit in der Welt herumzureisen?«

Tatsächlich hat mein Studieren seinen ursprünglichen Zweck – die Entwicklung meiner Sprachkompetenz in Englisch – verloren: Es ist Selbstzweck geworden. Diese »Ziellosigkeit« wie auch die »Späte« eines Studiums haben ihre Vorzüge. Freunde von mir, die in jungen Jahren studiert hatten, ging es wie mir mit meinem Kunstbegriff. Was sie damals lernten, ist heute »angestaubt«. Auch die Philosophie hat sich weiterentwickelt seit Alfred North Whitehead (1861–1947) der Welt erklärte, dass die abendländische Philosophie lediglich »eine Reihe von Fußnoten« zu Plato darstelle.

Dem Körper entkommen wir nicht

2004

In der abendländischen Philosophie gibt es ein zentrales Thema, das sogenannte Leib/Seele-Problem. Dessen Ursprung liegt hauptsächlich in der jüdisch-christlichen Tradition, die unsere Vorstellung der Existenz von zwei Entitäten – Geist und Materie – geformt hat. Andere Kulturkreise, wie beispielsweise die japanische Kultur, kennen diesen Dualismus nicht. Der französische Philosoph René Descartes (1596–1650) hat ein umfangreiches philosophisches Gebäude auf dieser Grundlage erstellt. Die Diskussion zwischen »Dualisten«, die an diese Zweigeteiltheit glauben, und den »Materialisten«, für die alles eine materielle Basis hat, scheidet die Geister seit eh und je. Der Streit hat in den letzten Jahren durch die Fortschritte in der Neurophysiologie und der Gehirnwissenschaft allgemein an Brisanz zugenommen. Mein persönlicher Standpunkt ist jener des Materialismus. Deshalb beschäftigt mich weniger die Frage, welche von beiden Ansichten die Richtige ist, als vielmehr, wie es zur Trennung von Körper und Geist gekommen ist. Welchen Zweck hat diese Trennung? Meine Schlussfolgerung: Alle diese dualistischen Systeme – sei es in der Form von Glaubensinhalten oder im Rahmen philosophischer Systeme – sind Versuche, dem Körper zu entkommen. Er schafft uns Lust und Leid. Die Lust ist kurz, das Leiden lang. Nur noch Geist sein, die Last des Körpers loswerden, abheben, schweben, entschweben. Auch das körperlose »Weiterleben« nach dem Tod zielt in diese Richtung. Es sind dies alles Phantasien, Wunschdenken, Flucht-utopien, erkennbar an der immanenten Unlogik und dem Mangel an Konkretem. Denn wie sieht so ein Leben ohne Körper aus? Ohne Sinnesorgane, ohne Denkorgan? Meine Hypothese lautet: Religiöse Vorstellungen – und dazu zähle ich auch alle dualistischen Philosophien – haben den Zweck, dem Körper zu entkommen. Der Wunsch ist hier eindeutig der Vater des Gedankens. Das wäre ein Thema für eine Di-plom- oder Doktorarbeit. Ich fürchte aber, dass meine Zeit dazu nicht mehr reicht.

Grau in Grau

2006

Europaweit gibt es jetzt 145 Kieser Training Betriebe mit über 300 000 Kunden beziehungsweise Patienten. Das ist viel, wenn ich es mit den Anfängen in den 1960er Jahren vergleiche. Aber doch erstaunlich wenig, wenn ich an den Nutzen denke, der so vielen entgeht. Ich verkaufe Anstrengung, keinen Spaß. Das wird stets nur eine bestimmte Zielgruppe ansprechen. Und diese ist begeistert! »Wir werden nie ›die Masse‹ haben«, versuche ich stets unseren Franchisenehmern zu vermitteln. Die Masse, das ist die kognitiv resistente Mehrheit. Und die ist nicht willens, für etwas zu bezahlen, das nicht unmittelbar Vergnügen bereitet oder Langeweile zerstreut.

»Das hier ist ja furchtbar öde. Eine beklemmende Stille, niemand spricht, keine Musik, alles grau und schwarz. Diesen Frust ertrage ich nicht«, meinte eine Interessentin, die offensichtlich mit anderen Erwartungen hierhergekommen war. Was sollte ich da antworten? Manchmal ist man eben ehrlich, aber ungeschickt. »Frust kommt von innen«, antwortete ich lakonisch. Die Frau starrte mich an, schluckte einmal leer und legte dann los: »Von innen?! Aha. Schön, wie Sie mit Ihren Kunden umspringen. Bei Ihnen ist der Kunde ja nicht König.« – »Nein, er ist Kunde«, antwortete ich. »Könige gibt es zu wenige, als dass ich von ihnen leben könnte«, versuchte ich etwas Humor in den Dialog zu bringen. Aber die Frau verließ wütend den Betrieb. Und ich machte mir Vorwürfe. Ich hätte ihr alles erklären sollen. Warum keine Musik, warum keine

Buntheit und vieles andere nicht. Hätte ich ihr aufzeigen sollen, dass eine ganze Industrie uns in Atem hält, damit wir stets außer uns sind und bloß nicht zu uns kommen? Hätte ich sie überzeugt, gar dazu gewonnen, ihren »Frust« anders zu betrachten? Wahrscheinlich nicht. Hätte sie *gefragt*, warum das so ist, wie es eben ist, hätte es sich um eine andere Situation gehandelt. Wer aber seine Vorurteile wie eine Monstranz vor sich her trägt, dem ist nicht mehr zu helfen.

Aber es geht auch anders. Anlässlich meines Vortrages in einem unserer Betriebe erkundigte sich ein junger Mann: »Welchen Sinn hat es, dass hier grau dominiert?« Das *ist* eine *Frage* und kein Vorwurf. Auf Unterstützung im Publikum spekulierend, fragte ich: »Hat hier jemand Philosophie studiert?« Eine Frau, mit einem Baby an der Brust, streckte die Hand hoch und rief fröhlich, »Ja. Das finde ich hier so schön. Das Grau von Hegel!« Seither gebe ich auf die Frage nach dem Grau stets die bekannte Passage aus Hegels Vorrede zu seinen »Grundlinien zur Philosophie des Rechts« (1821) wieder, die da lautet: »Wenn die Philosophie ihr Grau in Grau malt, dann ist eine Gestalt des Lebens alt geworden und mit Grau in Grau lässt sie sich nicht verjüngen, sondern nur erkennen: die Eule der Minerva beginnt erst mit dem Einbrechen der Dämmerung ihren Flug.« Die »Eule der Minerva«, als altitalische Gottheit, steht für Weisheit. Im Rahmen des Erscheinungsbildes von Kieser Training wählte ich das Grau als geeignete Farbe zur Versachlichung und Objektivierung einer – durch den Zeitgeist bedingt – eher bunten bis schrillen Zone im Zusammenhang mit dem menschlichen Körper. Im Grau der Dämmerung und in der Stille begegnen wir uns selbst. Das erträgt natürlich nicht jeder.

Die Ironie der Geschichte wurde mir erst viel später bewusst. In Wirklichkeit entstand das puristische Kieser Training Konzept ja deshalb, weil ich mich von der »Fitness-Philosophie« abgrenzen, das Training von jeglichen kulturellen und philosophischen Zutaten befreien wollte. Ich realisierte viel später, dass gerade dieses Streben wiederum eine Philosophie ist. Komik ergibt sich manchmal erst in der Retrospektive.

Die Saat geht auf
2007

In Australien wurde 2007 nach dem erfolgreichen Pilotbetrieb der erste Vollbetrieb eröffnet. Im Herbst 2007 ist Kieser Training in Prag gestartet. In Barcelona und Budapest werden die ersten Betriebe im Frühjahr 2008 eröffnet. Die Nachfrage beginnt stets langsam. Ich kenne das. Und plötzlich schwillt es dann an. Mit dem Masterfranchising ist die Idee einer »Kräftigung der Welt« realistisch geworden. Ein Masterfranchisenehmer eröffnet nicht nur einen Betrieb, sondern bewirtschaftet ein ganzes Land. Im Unterschied zum reinen Franchisenehmer hat er einen »Januskopf«: Er ist gleichzeitig Franchisenehmer und auf seinem Territorium Franchisegeber. Masterfranchising ist die höchste Stufe des Unternehmertums. Grundlage und Prinzip des Franchisings ist die Reproduzierbarkeit. Wird diese nicht bis an die Grenzen des Möglichen getrieben, stagniert die Expansion irgendwann. Die Reproduzierbarkeit bedingt die Standardisierung. Emotionen zu standardisieren, erscheint den meisten Menschen in unserer Kultur als ein Ding der Unmöglichkeit. Die Aufforderung eines Ausbildungsleiters, »Seien Sie noch einen Grad freundlicher«, in einem Rollenspiel während einer Verkaufsschulung stellt aber nichts anderes dar als eine Graduierung und Standardisierung einer emotionalen Äußerung.

Dieses »amerikanische« Verhalten wird in Europa nicht immer goutiert. Es gilt als »nicht echt«, »aufgesetzt« oder gar berechnend. Meine Erfahrung widerlegt dieses Vorurteil. Ge-

KIESER TRAINING in Prag, Melbourne,
London

KIESER TRAINING in Barcelona

rade dieser voluntaristische Ansatz macht glücklich und zufrieden. Man wird Herr seiner Gefühle. Der Psychologieprofessor Klaus Grawe hat über vierhundert Therapieverfahren im Hinblick auf ihre Nachhaltigkeit geprüft. Oben stand mit Abstand die sogenannte »Verhaltenstherapie« – ein Verfahren, das man als eine Art Schauspielerschule bezeichnen könnte. Die verhaltensgestörten Menschen üben erfolgreiches Verhalten und haben damit Erfolg, was wiederum das neue, erfolgreiche Verhalten festigt, so dass das alte, erfolglose allmählich gelöscht wird.

Unter diesem Gesichtspunkt muss auch die Forderung der Kostenträger nach der »evidence based medicine« kritisch betrachtet werden. Denn diese Forderung bedeutet, dass alle Therapieverfahren und Medikamente aufgrund des »Doppelten Blindversuchs« bewertet werden, eines Testes, bei dem weder der Proband noch derjenige, der das Mittel verabreicht, weiß, welches das echte Medikament und welches das Placebo ist. Trotz seiner bestechenden Logik hinkt das Verfahren. Darauf kam ich, als unsere »Lumbal Extensions-Maschine« in eine Klinik gestellt wurde und die Wirkung der Kräftigungstherapie an einer randomisierten, das heißt nach dem Zufallsprinzip zusammengestellten Patientengruppe getestet wurde. Da kamen keine brauchbaren Daten heraus. Die meisten Patienten waren der deutschen Sprache nicht mächtig und wussten nicht, worum es bei der Therapie überhaupt ging. Einige hatten offensichtlich Angst vor der Maschine, andere assoziierten sie vielleicht sogar mit dem elektrischen Stuhl. Einige sahen wohl auch ihre Rentenansprüche gefährdet, wenn sie zu viel Kraft demonstrierten. Hätte man diese Patienten gründlich aufgeklärt und für das Verfahren begeistert, wären sicher andere Resultate herausgekommen. Wissenschaftlich ist aber eine solche Studie nicht »sauber«, weil suggestive Mechanismen die Resultate beeinflussen.

Was not tut, ist eine »ideologische« Umkehr. Schon in der Schule sollte den Kindern vermittelt werden: Gesundheit kann weder an den Staat, die Krankenkasse oder einen Doktor delegiert werden. Gesundheit ist die ureigene Sache eines jeden Individuums.

Arthur ist gegangen

2007

28. August 2007. Wie jeden Morgen lese ich zuerst die E-Post in meinem Computer. Eine Mitteilung von Ellington Darden: »Werner: Arthur died this morning. He was a great man. It's a sad day. Ellington.« Diese Nachricht traf mich härter als erwartet. Obwohl ich in letzter Zeit kaum mehr Kontakt hatte mit Arthur Jones – er hatte sich nach dem Verkauf von MedX 1996 völlig zurückgezogen – wurde mir plötzlich bewusst, was ich diesem Mann alles verdanke. Es war nicht allein seine Genialität, mit der er seine Maschinen konstruierte, sondern auch die Großzügigkeit, mit der er sein Wissen weitergab. Jones setzte seine wissenschaftlichen Einsichten unbeeinflusst von Trends und Lehrmeinungen mit eiserner Konsequenz um. »Platzhirsche« desavouierte er, und Plagiatoren, von denen es viele gab, führte er vor. Millionen Menschen haben dank seiner Maschinen ihre verloren geglaubte Lebensqualität wieder zurückgewonnen und weitere Millionen werden davon profitieren, ohne den Namen Arthur Jones je gehört zu haben. Letzteres würde Arthur kaum stören. Angebote für akademische Ehrungen und Preise, von universitärer und privater Seite, hat er nicht einmal beantwortet. Eitelkeiten waren nicht seine Sache. Ihn interessierten ausschließlich Probleme und deren Lösungen.

Samstag
2007

Der Bus hat Verspätung. Ich sitze auf der Bank und betrachte das Haus auf der anderen Straßenseite. Hier wohnte ich vor vierzig Jahren. Die Fassade wurde irgendwann neu gestrichen. Sonst hat sich nicht viel verändert. Und bei mir? Vierzig Jahre älter sein, bedeutet wenig. Real ist nur die Gegenwart. Es ist Samstag. Ich bin auf dem Weg zum Brockenhaus. Vor etwa einem Jahr hat Gabi da ein ausdrucksvolles Bild gekauft für fünf-

Rätselhaftes Katzenbild aus dem Brockenhaus

undzwanzig Franken. Eine Katze, nachts in einem Fensterrahmen. Wir wissen nicht, wer es gemalt hat. Doch seine rätselhafte Schönheit fasziniert uns, wann immer wir es betrachten.

Mein Bus ist da. Ich fahre zum Brockenhaus – wie vor vierzig Jahren.

Die Fitnesswelle ist vorüber – »Wellness« ist jetzt angesagt. Man spricht von »Spaßfaktor« und »Wohlfühl-Atmosphäre«, man lässt »die Seele baumeln« und sich verwöhnen. Warum nicht? All das enthebt uns jedoch nicht der Aufgabe, unseren Bewegungsapparat instand zu halten. Der Mensch wächst am Widerstand.

Kieser Training International — Adressen

Australien

| 3205 | Sth Melbourne, Victoria, 41-61 Cecil Street | Tel. + 61(0) 3 969 635 99 |
| 3037 | Sydenham, Victoria, 15-17 Overton Lea Boulevard | Tel. +61(0) 3 836 160 77 |

Deutschland

86161	Augsburg-Herrenbach, Reichenbergerstr. 57 1/3	Tel. +49 (0) 821 56 70 70
96052	Bamberg, Fortenbachweg 9/	
	Einf. Memmelsdorferstr.	Tel. +49 (0) 951 302 82 00
51465	Bergisch Gladbach, Odenthaler Strasse 19	Tel. +49 (0) 2202 24 78 03
14199	Berlin-Wilmersdorf, Forckenbeckstr. 9-13	Tel. +49 (0) 30 8972 50 30
10559	Berlin-Tiergarten, Alt Moabit 96d	Tel. +49 (0) 30 3990 64 75
13581	Berlin-Spandau, Seeburger Straße 8-11	Tel. +49 (0) 30 3510 62 63
12247	Berlin-Steglitz, Teltowkanalstr. 2	Tel. +49 (0) 30 77 32 88 30
13509	Berlin-Reinickendorf, Holzhauser Str. 140d	Tel. +49 (0) 30 417 189 17
10409	Berlin-Prenzlauerberg, Ostseestr. 107	Tel. +49 (0) 30 4210 5260
12351	Berlin-Neukölln, Rudower Straße 132	Tel. +49 (0) 30 6049 0052
10115	Berlin-Mitte, Hannoversche Str. 19	Tel. +49 (0) 30 9789 3841
10245	Berlin-Friedrichshain, Rudolfstrasse 1-8	Tel. +49 (0) 30 212 378 40
10587	Berlin-Charlottenburg, Ernst-Reuter-Platz 3-5	Tel. +49 (0) 30 437 278 07
10367	Berlin-Lichtenberg, Möllendorffstr. 49	Tel. +49 (0) 30 551 514 63
12555	Berlin-Köpenick, Bahnhofstr. 33-38 /	
	im Forum Köpenick	Tel. +49 (0) 30 343 543 23
12679	Berlin-Marzahn, Marzahner Promenade 29/30	Tel. +49 (0) 30 983 107 75
71032	Böblingen, Herrenberger Str. 10	Tel. +49 (0) 7031 68 48 70
44795	Bochum, Prinz-Regent-Strasse 68a	Tel. +49 (0) 234 978 320

53117	Bonn-Innenstadt, Römerstr. 214-216	Tel. +49 (0) 228 967 73 60
38122	Braunschweig, Frankfurter Str. 2	Tel. +49 (0) 531 885 33 71
28207	Bremen-Hastedt, Stresemannstrasse 29	Tel. +49 (0) 421 20 37 20
28757	Bremen-Vegesack, Georg-Gleistein-Str. 33	Tel. +49 (0) 421 659 5533
09111	Chemnitz, Am Rathaus 4	Tel. +49 (0) 371 694 92 92
64293	Darmstadt, Gräfenhäuser Str. 67	Tel. +49 (0) 6151 397 16 41
44137	Dortmund-Innenstadt, West Lindemannstr. 78	Tel. +49 (0) 231 96 7896-0
01277	Dresden-Gruna, Zwinglistr. 28-30	Tel. +49 (0) 351 250 12 80
01097	Dresden-Neustadt, Metzer Strasse 1	Tel. +49 (0) 351 810 54 21
40545	Düsseldorf-Oberkassel, Luegallee 52	Tel. +49 (0) 211 550 27 70
40237	Düsseldorf-Pempelfort, Rethelstrasse 26	Tel. +49 (0) 211 687 8340
47057	Duisburg-Neudorf, Schemkesweg 23-25	Tel. +49 (0) 203 37 85 10
99084	Erfurt, Juri-Gagarin-Ring 41	Tel. +49 (0) 361 658 58 55
91052	Erlangen, Carl-Thiersch-Str. 2	Tel. +49 (0) 9131 6101840
45127	Essen-Ost, Severinstr. 1	Tel. +49 (0) 201 82 79 60
45131	Essen-Rüttenscheid, Veronikastrasse 36	Tel. +49 (0) 201 615 68-0
60329	Frankfurt/M-Innenstadt, Niddastr. 76	Tel. +49 (0) 69 23 06 46
60314	Frankfurt/M-Ostend, Hanauer Landstr. 161-173	Tel. +49 (0) 69 490 86 433
60318	Frankfurt/M-Nordend, Eiserne Hand 12	Tel. +49 (0) 69 905 587 60
79098	Freiburg, Grünwälderstr. 10-14	Tel. +49 (0) 761 271 350
88045	Friedrichshafen, Allmandstrasse 6	Tel. +49 (0) 7541 39 90 10
82256	Fürstenfeldbruck, Geschwister-Scholl-Platz 12	Tel. +49 (0) 8141 355 53 40
45879	Gelsenkirchen, Augustastrasse 1	Tel. +49 (0) 209 177 060
47574	Goch, Auf dem Wall 6	Tel. +49 (0) 2823 87 99 80
37081	Göttingen, Bahnhofsallee 1d + 1e	Tel. +49 (0) 551 797 660
06108	Halle, Charlottencenter/Charlottenstr. 8	Tel. +49 (0) 345 614 08 99
20255	Hamburg-Eimsbüttel, Heussweg 37d	Tel. +49 (0) 40 35 74 09 0
22299	Hamburg-Winterhude,	
	Winterhuder Marktplatz 6-7a	Tel. +49 (0) 40 46 07 69 0
21035	Hamburg-Bergedorf, Weidenbaumsweg 139	Tel. +49 (0) 40 721 11 52
22767	Hamburg-Altona, Schumacherstr. 17	Tel. +49 (0) 40 38 28 44
21073	Hamburg-Harburg, Hannoversche Str. 83	Tel. +49 (0) 40 329 08 730

22415	Hamburg-Langenhorn, Krohnstieg 41	Tel. +49 (0) 40 532 034 0
22391	Hamburg-Poppenbüttel, Kritenbarg 4	Tel. +49 (0) 40 611 640 90
30175	Hannover-Mitte, Königstrasse 12	Tel. +49 (0) 511 169 32 01
30169	Hannover-Calenberger,	
	Neustadt Brühlstr. 11-13 / Torhaus	Tel. +49 (0) 511 533 49 57
69115	Heidelberg, Vangerowstr. 18	Tel. +49 (0) 6221 180 8301
74074	Heilbronn, Lise-Meitner-Str. 11	Tel. +49 (0) 7131 594 39 97
44625	Herne, Dorstener Str. 200	Tel. +49 (0) 2325 587 811
40721	Hilden, Hochdahler Str. 14	Tel. +49 (0) 2103 967 601
31134	Hildesheim, Andreaspassage 1	Tel. +49 (0) 5121 28 99 60
85049	Ingolstadt, Levelingstr. 40	Tel. +49 (0) 841 88 66 60
07743	Jena, Postcarré, Engelplatz 8	Tel. +49 (0) 3641 699 430
76133	Karlsruhe-Stadtmitte, Herrenstr. 23	Tel. +49 (0) 721 91 79 90
34117	Kassel, Garde-du-Corps-Str. 2	Tel. +49 (0) 561 766 97 99
24114	Kiel, Ringstr. 37-39	Tel. +49 (0) 431 661 71 66
63911	Klingenberg, Alexander-Wiegand-Strasse 30a	Tel. +49 (0) 9372 947 50 70
56068	Koblenz, Bahnhofplatz 18	Tel. +49 (0) 261 988 69 60
50670	Köln-Neustadt, Nord Neusserstr. 27-29	Tel. +49 (0) 221 97 22 23 0
50676	Köln-Altstadt, Süd Neue Weyerstr. 6	Tel. +49 (0) 221 923 39 77
50933	Köln-Braunsfeld, Scheidtweilerstr. 17	Tel. +49 (0) 221 95 45 210
50679	Köln-Deutz, Willy-Brandt-Platz 2	Tel. +49 (0) 221 802 78 90
50996	Köln-Rodenkirchen, Oststrasse 11-15	Tel. +49 (0) 221 170 01 60
47799	Krefeld, Uerdinger Strasse 100	Tel. +49 (0) 2151 61 18 20
84030	Landshut, Industriestr. 9	Tel. +49 (0) 871 143 80 80
04109	Leipzig-Mitte, Grimmaische Strasse 13-15	Tel. +49 (0) 341 990 44 55
51379	Leverkusen, Zur Alten Fabrik 6	Tel. +49 (0) 2171 34 30 60
23552	Lübeck, Kanalstr. 108	Tel. +49 (0) 451 70 60 315
71638	Ludwigsburg, Schillerstrasse 12	Tel. +49 (0) 7141 974 93 40
39104	Magdeburg, Breiter Weg 173	Tel. +49 (0) 391 53 13 999
55116	Mainz, Grosse Bleiche 14-16	Tel. +49 (0) 6131 23 01 35
68159	Mannheim-Zentrum, E2, 12-13	Tel. +49 (0) 621 15 67 800
41061	Mönchengladbach, Berliner Platz 12	Tel. +49 (0) 2161 20 63 03

45468	Mülheim a.d. Ruhr, Wilhelmstr. 20	Tel. +49 (0) 208 43 96 00
80335	München-Neuhausen, Lothstr. 3-5	Tel. +49 (0) 89 12 39 80 0
80796	München-Schwabing, Belgradstr. 5a	Tel. +49 (0) 89 307 29 455
80337	München-Isarvorstadt, Tumblingerstr. 23	Tel. +49 (0) 89 76 70 20 20
81379	München-Sendling, Geisenhausenerstr. 15	Tel. +49 (0) 89 78 06 44 44
81245	München-Pasing, Paul-Gerhardt-Allee 6-10	Tel. +49 (0) 89 820 879 30
81825	München-Trudering, Bognerhofweg 12	Tel. +49 (0) 89 420 454 50
81539	München-Giesing, Tegernseer Landstr. 138	Tel. +49 (0) 89 649 479 00
80807	München-Freimann, Stuttgarter Str. 7	Tel. +49 (0) 89 3500 3601
81675	München-Haidhausen, Einsteinstrasse 104	Tel. +49 (0) 89 950 859 10
48143	Münster, Schorlemerstrasse 26	Tel. +49 (0) 251 482 99 43
41460	Neuss, Meererhof L101	Tel. +49 (0) 2131 298 390
90478	Nürnberg-Gleisshammer, Zerzabelshofstr. 29	Tel. +49 (0) 911 946 94 94
90429	Nürnberg-Rosenau, Bärenschanzstr. 2	Tel. +49 (0) 911 274 88 99
63067	Offenbach am Main, Rathenaustrasse 33	Tel. +49 (0) 69 801 08 280
26123	Oldenburg, Nadorster Str. 228	Tel. +49 (0) 441 384 40 40
49090	Osnabrück, Pagenstecherstrasse 138	Tel. +49 (0) 541 330 19 70
94036	Passau, Dr.-Emil-Brichta-Str. 7	Tel. +49 (0) 851 988 288 72
75172	Pforzheim, Maximilianstrasse 46	Tel. +49 (0)7231 589 45 44
14482	Potsdam, Wetzlarer Str. 86	Tel. +49 (0) 331 704 98 71
50259	Pulheim, Venloer Strasse 145	Tel. +49 (0) 2238 966 40
40878	Ratingen, Calor-Emag-Str. 5	Tel. +49 (0) 2102 929 1985
45657	Recklinghausen, Klinik a. Rathauspark, Erlbruch 34-36	Tel. +49 (0) 2361 937 72 11
93053	Regensburg, Furtmayrstr. 3	Tel. +49 (0) 941 705 700
42897	Remscheid, Kölner Strasse 64	Tel. +49 (0) 2191 589 19 99
72764	Reutlingen, Lederstrasse 126-128	Tel. +49 (0) 7121 339 338
83022	Rosenheim, Heilig-Geist-Strasse 24	Tel. +49 (0) 8031 38 28 28
18055	Rostock, Steinstrasse 6	Tel. +49 (0) 381 375 07 80
66115	Saarbrücken, Käthe-Kollwitz-Str. 13	Tel. +49 (0) 681 761 805 20
57072	Siegen, Markt 39-41	Tel. +49 (0) 271 231 80 51
70178	Stuttgart-Mitte, Christophstr. 6	Tel. +49 (0) 711 649 20 11

70372	Stuttgart-Bad Cannstatt, Bahnhofstr. 25-29	Tel. +49 (0) 711 550 47 40
70469	Stuttgart-Feuerbach, Stuttgarter Strasse 23	Tel. +49 (0) 711 253 590 50
54292	Trier, Herzogenbuscher Str. 52	Tel. +49 (0) 651 14 57 90
72072	Tübingen, Hügelstrasse 7	Tel. +49 (0) 7071 979 89 81
89073	Ulm, Syrlinstrasse 35	Tel. +49 (0) 731 140 86 10
65203	Wiesbaden-Biebrich, Äppelallee 35	Tel. +49 (0) 611 609 24 85
26382	Wilhelmshaven, Marktstr. 101-103	Tel. +49 (0) 4421 13 77 77
97082	Würzburg, Zeller Strasse 43	Tel. +49 (0) 931 452 92 40
42117	Wuppertal-Elberfeld, Friedrich-Ebert-Str. 153	Tel. +49 (0) 202 870 190
52146	Würselen/Aachen, Monnetstr. 24	Tel. +49 (0) 2405 4141 160

Großbritannien

NW1 7DF	London Greater London House	Tel. +44 (0) 20 7391 9980
	Hampstead Road	

Luxemburg

8010	Strassen, 234-236, Route d'Arlon	Tel. +352 (0) 31 37 38

Niederlande

5611	Eindhoven, Geldropseweg 8a	Tel. +31 (0) 40 211 14 94

Österreich

8020	Graz, Babenbergerstr. 2	Tel. +43 (0) 316 72 25 55
5020	Salzburg, Sterneckstr. 11	Tel. +43 (0) 662 87 28 18
1090	Wien, Julius-Tandler-Platz 3	Tel. +43 (0) 1 319 77 70
1070	Wien, Neustiftgasse 73-75	Tel. +43 (0) 1 523 78 78
1040	Wien, Favoritenstrasse 27A	Tel. +43 (0) 1 505 85 85

Schweiz

4051	Basel, Steinentorstr. 35	Tel. +41 (0) 61 281 62 62
3007	Bern, Sulgenrain 28	Tel. +41 (0) 31 372 06 06
2502	Biel, Bahnhofstr. 15	Tel. +41 (0) 32 323 24 35

1700	Fribourg, 4, rue Georges-Jordil	Tel. +41 (0) 26 341 81 60
1205	Genf, B. du Pont D'Arve 28	Tel. +41 (0) 22 328 19 00
8810	Horgen, Lindenstr. 4	Tel. +41 (0) 44 726 04 06
8280	Kreuzlingen,Nationalstr. 6	Tel. +41 (0) 71 672 44 94
1006	Lausanne, 32, rue du Simplon	Tel. +41 (0) 21 616 88 51
6005	Luzern, Inseliquai 6	Tel. +41 (0) 41 220 20 20
8200	Schaffhausen, Breitenaustr. 117	Tel. +41 (0) 52 625 15 90
8952	Schlieren, Wagistr. 2, Wagi-Areal	Tel. +41 (0) 44 730 11 30
4500	Solothurn, Berthastr. 7	Tel. +41 (0) 32 623 96 70
9004	St. Gallen, Rorschacherstr. 1	Tel. +41 (0) 71 244 66 44
3600	Thun, Malerweg 2	Tel. +41 (0) 33 222 03 83
8400	Winterthur, Stadthausstr. 12	Tel. +41 (0) 52 213 21 71
6300	Zug, Bahnhofstr. 22	Tel. +41 (0) 41 720 05 85
8032	Zürich-Hottingen, Hottingerstr. 21	Tel. +41 (0) 44 251 75 65
8050	Zürich-Oerlikon, Baumackerstr. 35	Tel. +41 (0) 44 311 60 77
8001	Zürich-City, Nüschelerstrasse 32	Tel. +41 (0) 44 221 09 30

Tschechische Republik

110 00	Prag Bredovský Dvùr, Politických vìzòù 13	Tel. +420 222 233 344

Bildnachweis

Jones, Inge
155, 159

Kieser, Werner
17, 23, 31, 36, 40, 41, 42, 57, 63, 65, 69, 80, 85, 86, 89, 92, 95, 115, 120,
135, 148, 151, 152, 162, 174, 182, 193, 200, 203, 210, 214, 221, 241,
242, 245

Privat
172, 179, 181

RDB/Benjamin Soland
25

Vögtlin, Ruth
129

Wir danken allen Rechteinhabern für die Erlaubnis zum Abdruck der Ab-
bildungen. Trotz intensiver Bemühungen war es nicht möglich, alle Recht-
einhaber zu ermitteln. Wir bitten diese, sich an den Autor zu wenden.

2. Auflage 2008

Econ ist ein Verlag
der Ullstein Buchverlage GmbH

ISBN: 978–3-430-20047-9

© der deutschsprachigen Ausgabe
Ullstein Buchverlage GmbH, Berlin 2008
Alle Rechte vorbehalten
Gesetzt aus der Janson
Satz: LVD GmbH, Berlin
Druck und Bindearbeiten: Pustet, Regensburg
Printed in Germany